ÉDITION ÉCONOMIQUE

FORMAT DES THÉORIES

DE L'ÉCOLE DE CAVALERIE

DE SAUMUR.

THÉORIE D'ADMINISTRATION

ET DE COMPTABILITÉ.

Cavalerie.

Prix : 60 cent.

PARIS,

LIBRAIRIE MILITAIRE	LIBRAIRIE DE L'ARMÉE
de	de
LENEVEU,	**LÉAUTEY,**
r. des Gds-Augustins, 18.	rue Saint-Guillaume, 21

1846.

THÉORIE

sur

L'ADMINISTRATION ET LA COMPTABILITÉ.

Imprimerie de LEAUTEY, rue St.-Guillaume, 21.

THÉORIE

SUR

L'ADMINISTRATION

ET LA COMPTABILITÉ.

—

Cavalerie.

—

INSTRUCTION THÉORIQUE

prescrite par l'ordonnance royale sur le service intérieur, et par les décisions ministérielles des 5 décembre 1840 et 14 juin 1845.

PARIS,

A LA LIBR. DE L'ARMÉE	A LA LIBR. MILITAIRE
de	de
LENEVEU,	**LÉAUTEY,**
rue des Gr.-Augustins, 18.	rue Saint-Guillaume, 21.

—

1845

ADMINISTRATION

ET

COMPTABILITÉ MILITAIRE.

PREMIÉRE PARTIE.

NOTIONS GÉNÉRALES SUR L'ADMINISTRATION ET LA COMPTABILITÉ DANS LES RÉGIMENTS DE CAVALERIE (1).

DE L'ADMINISTRATION.

On entend par adminsitration militaire l'ensemble des opérations qui concourent au maintien d'une bonne organisation dans le personnel et le matériel de l'armée, d'après les lois et les règlements en vigueur.

---

(1) Voir, pour les fonctions inhérentes à chaque grade, les matières traitées dans le règlement sur le service intérieur des troupes à cheval.

Le chef du corps dirige l'administration du régiment placé sous son commandement; il est assisté, dans les détails qui y sont relatifs, par un conseil, qui prend le nom de conseil d'administration.

Le colonel est le président du conseil d'administration.

Une commission, composée d'un officier supérieur président (autant que possible le lieutenant colonel) et deux capitaines, l'un et l'autre pris au sein du conseil, est chargée de la vérification des étoffes et matières à recevoir pour les magasins du corps.

Une autre commission, formée de trois membres désignés parmi les capitaines, sous la présidence du major, est chargée de passer et rédiger les marchés au compte de la masse individuelle, et de procéder à la réception et entrée en magasin de tous les effets à fournir au titre de cette masse.

Deux membres délégués par le conseil procèdent, en présence du major, à la vérification de tous les effets d'habillement, de grand équipement et harnachement confectionnés à admettre dans les magasins du régiment.

Le conseil d'administration est assemblé une fois par semaine et plus souvent si le cas l'exige.

Une caisse à deux clefs, dite caisse du conseil, renfermant les fonds à la disposition du corps, est déposée chez le colonel ou le commandant du régiment; l'une des deux clefs reste entre les mains du président, la seconde est remise au major, ou à l'officier qui en fait les fonctions.

En séance, les membres du conseil d'administration prennent place à la droite et à la gauche du président, suivant l'ordre hiérarchique.

Le major se place en face du président; l'officier comptable le plus ancien de grade à sa droite, et le moins ancien à sa gauche.

Lorsqu'un inspecteur général d'armes ou un officier de l'intendance militaire assiste aux séances, il est placé en face du président ayant à sa droite et à sa gauche le major et les officiers comptables dans l'ordre des préséances ou de la hiérarchie.

Le major a la surveillance générale de l'administration; il est spécialement chargé de contrôler toutes les parties relatives à la comptabilité.

DE LA COMPTABILITÉ.

On entend par comptabilité, toutes les écritures dont la tenue est subordonnée aux formes établies pour l'ordre et la régularité de l'administration.

Le major exerce à l'égard des officiers comptables et des commandants d'escadrons tous les droits du conseil.

Sont compris sous la dénomination générique d'officiers comptables, le trésorier et l'officier d'habillement, ainsi que les officiers qui en tiennent lieu dans les [portions du corps autre que la portion centrale. Ces derniers sont désignés par les noms d'officiers payeurs et d'officiers délégués pour l'habillement.

Les officiers comptables sont responsables de tous les faits de la gestion qui leur est confiée.

L'adjoint au trésorier n'est comptable que lorsqu'il remplace le trésorier lui-même ou qu'il exerce comme officier payeur.

La solde des officiers est payée au corps tous les mois à terme échu.

La solde de la troupe se perçoit, à titre d'avance, les 1er et 16 de chaque mois.

Les prestations en nature, en ce qui concerne les distributions de pain, de bois, fourrages, etc., se délivrent sur des bons visés par le sous-intendant militaire.

Les effets d'habillement, équipement, armement et harnachement, ainsi que ceux de linge et chaussure sont distribués à la troupe dans les magasins du corps.

Les droits à la solde et aux subsistances, ainsi qu'à la réception des effets de toute nature sont établis, constatés et réglés à des époques périodiques fixées par les règlements.

La comptabilité intérieure d'un régiment doit être arrêtée provisoirement chaque trimestre par le sous-intendant militaire chargé de la police administrative, et définitivement chaque année, d'abord par l'intendant militaire inspecteur, puis par l'inspecteur général d'armes, lors de sa tournée.

Le lieutenant-général, inspecteur général, doit clore tous les registres de comptabilité pour l'année précédant celle de sa revue.

Les résultats de la comptabilité vont aboutir aux bureaux de la guerre (*centre de l'administration générale de l'armee*), où tous les comptes sont duement épurés, pour opérer la libération du ministre de la guerre envers les corps, et celle des corps envers le ministre. — Le ministre de la guerre est membre responsable du gouvernement.

DEUXIÈME PARTIE.

RÈGLEMENT

sur

L'ADMINISTRATION ET LA COMPTABILITÉ DES ESCADRONS OU AUTRES PORTIONS DE CORPS.

(Extr. de l'ord. royale du 10 mai 1844.)

Des commandants des corps ou portions de corps n'ayant pas de conseil.

Les attributions, les obligations et la responsabilité des conseils, de leur président en particulier, du major et des officiers comptables, sont communes aux officiers commandant les corps organisés sous le titre d'escadron, et à ceux qui ont l'administration distincte d'une portion de corps.

Ces officiers peuvent, sous leur responsabilité personnelle, se faire aider, dans les détails et écritures relatifs à l'administration dont ils sont chargés, par un lieutenant ou un sous-lieutenant, et par des sous-officiers.

Des commandants d'escadrons.

Les commandants d'escadron sont chargés, sous l'autorité et la surveillance du conseil et du major, de tous les détails et écritures qui ont pour objet l'administration de la troupe placée sous leurs ordres; ils font tenir les écritures par les maréchaux des logis chefs et les fouriers.

Ils veillent incessamment aux intérêts du soldat, et doivent s'attacher à prévenir tout ce qui pourrait avoir pour effet d'obérer les masses individuelles.

Ils jugent directement, ou après avoir pris l'avis des officiers sous leurs ordres, sauf le recours des parties intéressées au major, et subsidiairement au conseil, si, en raison de la cause manifeste ou apparente des dégradations faites aux effets ou aux armes, le prix des réparations nécessaires doit être mis a la charge des hommes qui en sont détenteurs.

Ils sont autorisés à suspendre, avec l'approbation du major, la réparation des effets de la deuxième catégorie et des armes laissés par les hommes qui entrent dans une position d'absence, lorsqu'ils reconnaissent que ces effets ou armes peuvent, en raison du peu d'importance de la dégradation, faire encore un bon service entre les mains de ces hommes à leur retour au corps.

Ils adressent leurs réclamations au conseil, lorsque le payement de la solde ou les distributions n'ont pas lieu aux époques réglementaires; que les fournitures sont défectueuses ou incomplètes; et enfin, qu'une imputation ou retenue illégale, est faite à leur troupe.

Si leurs réclamations restent sans effet, ils peuvent les porter devant les officiers de l'intendance militaire.

Ils sont responsables des fonds, effets et fournitures quelconques, dont ils donnent quittance ou récépissé, et des distributions de toute nature effectuées en excédant des droits réels d'après les situations qu'ils ont certifiées.

Registres à tenir pour l'administration particulière de chaque escadron.

Les écritures et opérations auxquelles

donnent lieu l'administration et la comptabilité de chaque escadron de cavalerie sont consignées dans les registres ci-après, savoir :

Une matricule du personnel, des effets et des armes en service;

Une matricule des chevaux et des effets de harnachement;

Un livre de détail.

La matricule du personnel et des effets et armes en service est destinée à recevoir la transcription de tous les renseignements que présente le registre matricule du corps pour les sous-officiers et soldats composant l'escadron, ainsi que l'enregistrement des effets d'habillement, de coiffure, de grand équipement et d'armement qui leur sont distribués, avec indication des époques de réintégration en magasin, ou de pertes des effets de la première catégorie.

Les feuillets de la matricule sont individuels et mobiles.

Tous les feuillets concernant les militaires qui cessent d'appartenir à l'escadron sont détachés de la matricule et remis ou envoyés, savoir :

1° Ceux des hommes qui, dans le même corps, changent d'escadron, ou qui passent à un autre corps, au nouveau capitaine ou au nouveau corps, aussitôt après la radiation des contrôles ;

2° Ceux des hommes renvoyés dans leurs foyers pour faire partie de la réserve, aux commandants des dépôts de recrutement, immédiatement après la délivrance des congés illimités ;

3° Ceux des hommes qui cessent d'appartenir à l'armée, aux archives du corps.

Les feuillets détachés de la matricule pour être envoyés à d'autres corps ou aux commandants des dépôts de recrutement, sont certifiés par le trésorier, vérifiés par le major, et visés par le président du conseil d'administration et le sous-intendant militaire ; toutefois, dans les portions de corps ayant une administration distincte, la vérification de l'officier remplissant les fonctions de major, ne porte que sur les inscriptions qui ont été faites depuis la séparation d'avec la portion centrale.

Les feuillets que les conseils d'administration reçoivent par suite d'incorporations sont classés aux archives, après que les inscriptions en ont été exactement transcrites, tant au registre matricule qu'à la matricule du personnel et des effets et armes en service.

En conséquence de la disposition qui précède, lorsque les feuillets des militaires venant d'un autre corps parviennent directement à une portion du nouveau corps autre que la portion centrale, ils sont transmis au conseil d'administration central, aussitôt que les renseignements qu'ils présentent ont été reportés sur les feuillets établis pour ces militaires, dans la matricule du personnel et des effets et armes en service de l'escadron où s'effectue leur incorporation.

La matricule des chevaux et des effets de harnachement, est [destinée à recevoir, d'une part les inscriptions extraites de la matricule du corps, faisant connaître les dates de réception et d'arrivée du cheval, son origine, son signalement, les effets de harnachement qui lui sont successivement affectés, et le nom du cavalier auquel il appartient; d'autre part, à titre de renseignement sur l'état physique et sanitaire du cheval, son classement successif aux inspections générales et la durée du séjour aux infirmeries, avec l'indication sommaire du genre des maladies, enfin la date et les causes de sa radiatiation des contrôles du corps.

Les feuillets de cette matricule sont individuels et mobiles.

Ceux concernant les chevaux morts, vendus et abattus, sont déposés aux archives du corps.

Les prescriptions relatives à la matricule du personnel pour la transmission des feuillets, leurs vérification et leur conservation sont applicables à la matricule des chevaux, en ce qui la concerne.

Le livre de détail est destiné à présenter dans l'ordre ci-après, et en autant de chapitres que l'arme le comporte, les renseignements indiqués par le titre même de chacun de ces chapitres, savoir :

CHAPITRE 1er. — *Renseignements sur la position de l'escadron.*

Les mouvements s'inscrivent au fur et à mesure qu'ils s'effectuent.

CHAPITRE 2. — *Renseignements relatifs aux allocations de vivres de campagne, d'indemnités et de fournitures extrordinaires.*

Les inscriptions se font sur la mise à l'ordre du jour, ou sur la communication des décisions de l'autorité compétente.

CHAPITRE 3. — *Situations et mutations journalières.*

La situation est établie chaque matin

d'après les mutations survenues pendant la journée précédente.

Les mutations sont inscrites nominativement.

CHAPITRE 4. — *Contrôle annuel des officiers.*

Les officiers sont inscrits par ordre de grade et de classe.

Il est affecté à chaque grade ou classe un nombre de cases triple de celui qui forme le complet de ce grade ou de cette classe.

Les mutations s'inscrivent jour par jour, leur rédaction doit relater soigneusement les dates, ainsi que les causes d'absence, de départ définitif ou de mort; le lieu de destination, en cas de mission, de congé ou d'entrée à l'hôpital, et celui du décès.

L'officier qui cesse de compter à l'effectif est rayé de la case qu'il occupait.

Celui qui obtient de l'avancement sans changer d'escadron, est aussi rayé; mais il est reporté dans la case que lui assigne son nouveau grade ou sa nouvelle classe.

CHAPITRE 5. — *Contrôle annuel des hommes de troupes et compte courant de leur masse individuelle.*

Les hommes de troupe sont inscrits par

ordre de grade et de classe, et, dans chaque grade ou classe, par rang d'ancienneté ; sous les mêmes numéros qu'au contrôle général tenu par le major, dans le peloton hors-rang, ils sont placés dans le même ordre qu'aux tableaux annexés aux ordonnances d'organisation.

Les 2ᵉ, 3ᵉ, 4ᵉ et 5° § du chapitre IV sont communs aux hommes de troupe.

Le dernier est, en outre, applicable aux sous-officiers, brigadiers qui perdent leur grade, et aux cavaliers de la 1ʳᵉ classe qui descendent à la seconde.

L'inscription aux comptes courants des recettes et dépenses de la masse individuelle se fait aux époques indiquées ci-après, savoir :

Recettes.

Première mise ou ou supplément de première mise..	Au moment de l'incorporation des hommes ou de la mutation qui leur donnent droit à un supplément.

Produit de la prime journalière

Le premier jour de chaque trimestre, pour toutes les journées acquises pendant le trimestre précédent, et en ce qui regarde les hommes rayés du contrôle ou entrant dans une position d'absence, au moment où la mutation est portée au contrôle annuel. (Sauf, s'il y a lieu, à rectifier ultérieurement les inscriptions d'après la feuille de décompte de la masse.)

Versements faits par les hommes.

Au moment où ils s'effectuent entre mains du capitaine

Avoir à la masse des hommes venus d'autres corps ou d'autres compagnies, ou détachement du corps.

Ancien avoir à la masse des hommes rentrés, après radiation des contrôles du corps.

Premier avoir à la masse de remplaçants.

A l'époque de l'inscription des hommes au contrôle annuel.

Valeur des effets de petit équipement qui ont été détruits comme ayant servi à des chevaux atteints de maladie contagieuse.

Aussitôt que le décompte établi par le capitaine, pour servir au remboursement des effets, a été vérifié par le major.

Dépenses.

Excédant du complet réglementaire de la masse des hommes présents.
Avoir à la masse des hommes présents qui quittent le service ou qui sont promus adjudants ou sous lieutenants.
} Au moment où le payement est fait aux hommes.

Débet de la masse des hommes venus d'autres corps ou d'autre escadron ou détachement du corps.
Ancien débet à la masse des hommes rentrés après radiation des contrôles du corps.
} A l'époque de l'inscription des hommes au contrôle annuel.

Prix des effets de petit équipement fournis aux hommes par le magasin du corps.
} Au moment où les effets sont remis aux hommes.

Montant des mandats délivrés aux hommes voyageant isolément, pour avances en argent ou fournitures d'effets de petit équipement.
} Au moment où le capitaine connaît l'inscription faite sur la feuille de route ou reçoit communication du mandat.

Prix des réparations d'effets ou armes laissés au compte des hommes.
} Au moment où le capitaine signe le bulletin de réparation.

Montant des pertes et dégradations d'effets de casernement, de campement ou d'hôpital, et des dégradations dans les bâtiments de l'état ou chez l'habitant, mises à la charge des hommes. } Dès que l'état de réparation, dressé par l'officier de casernement, a été communiqué au capitaine, ou, en cas de départ du débiteur, au moment de la mutation et sur note appréciative approuvée par le major.

Moins-value des effets et armes perdus ou hors de service. } Lorsque la notification est faite au capitaine de l'approbation donnée par le sous-intendant militaire au bulletin d'imputation.

Les comptes courants de la masse individuelle de tous les hommes qui figurent au contrôle annuel sont réglés et signés par les capitaines à la date du premier jour de chaque trimestre, sauf le cas où il n'y aurait eu ni recette ni dépense pendant le trimestre précédent, et lorsqu'ils entrent dans une position d'absence ou qu'ils cessent d'appartenir à l'escadron.

Les hommes présents signent le règlement de leur compte.

L'officier de section signe pour ceux d'entre eux qui ne peuvent remplir cette formalité et pour les absents.

Si après le règlement du compte, il y a lieu de rectifier, ce compte est arrêté de nouveau, en toutes lettres, et signé ainsi qu'il est prescrit dans les paragraphes qui précèdent.

CHAPITRE 6. — *Contrôle annuel des chevaux d'officiers.*

Les chevaux sont inscrits suivant l'ordre des grades ou classes des officiers, et sous les mêmes numéros d'ordre qu'au contrôle général tenu par le major.

Il est affecté aux chevaux de chaque officier un nombre de cases triple de celui qui forme le complet attribué à son grade.

Les numéros, noms et signalements des chevaux fournis par l'Etat sont exactement transcrits du registre matricule.

Les mutations s'inscrivent jour par jour. La rédaction doit relater soigneusement leurs dates et les causes des pertes.

Le cheval qui cesse de compter à l'effectif est rayé de la case qu'il occupait.

Les chevaux des officiers qui obtiennent de l'avancement sans changer d'escadron, sont aussi rayés ; mais ils sont reportés dans les cases que leur assignent les nouveaux grades de ces officiers.

CHAPITRE 7. — *Contrôle annuel des chevaux de troupe.*

Les chevaux formant l'effectif, à l'époque de l'établissement ou du renouvellement du contrôle annuel, sont inscrits dans l'ordre des numéros du registre matricule ; les autres le sont à la date de leur arrivée, ils prennent tous les mêmes numéros qu'aux contrôles tenus par le major.

Les chevaux de selle sont placés avant les chevaux ou mulets de trait ou de bât.

Il est affecté, aux uns et aux autres, et distinctement, un nombre de cases double de celui qui forme le complet d'organisation.

Les 4° et 5° § du chapitre 6 sont communs aux chevaux de troupe.

CHAPITRE 8. — *Solde de la troupe et rations diverses perçues.*

Les prestations en denier et en nature sont inscrites au fur et à mesure des perceptions, et totalisées par trimestre.

Dès que le sous-intendant militaire a vérifié la feuille de journées des hommes et celle des chevaux, le montant des allocations est balancé avec celui des perceptions, pour faire ressortir les trop-perçus ou les moins perçus.

CHAPITRE 9. — *Liste des travailleurs.*

Les sommes retenues aux travailleurs et celles attribuées aux hommes qui les remplacent dans leur service, et qui doivent être remises au capitaine lorsque leur masse est incomplète, sont inscrites au fur et à mesure que cet officier les reçoit.

CHAPITRE 10. — *Compte ouvert avec le magasin d'habillement pour les effets de la première catégorie et les galons.*

CHAPITRR 11. — *Compte ouvert avec le magasin d'habillement pour les effets de la 2º catégorie et les armes.*

CHAPITRE 12. — *Compte ouvert avec le magasin d'habillement pour les effets de harnachement.*

Les distributions effectuées par le magasin d'habillement et les réintégrations qui s'y font, sont inscrites, par ordre de dates, d'après les quantités relatées aux bons, bulletins de versement ou procès-verbaux de réforme. Les unes et les autres sont totalisées par trimestre.

CHAPITRE 13. — *Compte ouvert aux effets de casernement.*

CHAPITRE 14. — *Compte ouvert aux effets de campement.*

Les réceptions et réintégrations s'inscrivent par ordre de date.

Elles sont balancées à l'expiration de chaque trimestre et lorsque tous les effets de casernement ou de campement en service sont rendus au garde du génie, au préposé des lits militaires, ou à l'officier de l'administration comptable.

CHAPITRE 15. — *Enregistrement des bons d'effets de petit équipement reçus du magasin d'habillement.*

Les bons s'inscrivent successivement par ordre de date, par nature d'effets avec indication de leur valeur; ils sont additionnés le premier jour de chaque trimestre ; leur montant doit être égal à celui de la colonne de la feuille de décompte de la masse individuelle où est portée la valeur des effets de petit équipement distribués aux hommes pendant le trimestre précédent.

CHAPITRE 16. — *Enregistrement sommaire des bordereaux ou relevés et des états de réparation, pour réparations, dégrations, et autres remboursements mis au compte des hommes.*

L'inscription du montant des réparations exécutées aux effets et aux armes, se fait à l'époque de la totalisation du bordereau d'enregistrement ou du relevé des bulletins délivrés pendant le trimestre, et celle des autres imputations à faire sur la masse individuelle, lorsque les états de répartition sont communiqués au capitaine.

CHAPITRE 17. — *Situation générale des masses individuelles après l'arrêté des comptes de chaque trimestre.*

La situation des masses est relevée sur les feuilles de décompte trimestrielles : elle présente le nombre de masses au complet, au-dessous du complet et en débet; elle indique aussi leur taux moyen.

CHAPITRE 18. — *Table des numéros d'ordre empreints sur les effets de la 2ᵉ catégorie, sur les armes, et sur les effets de harnachement, indiquant le numéro matricule des hommes qui en sont détenteurs, ou des chevaux auxquels ils sont affectés.*

Les numéros des effets et armes en service, au jour de l'établissement ou du renouvellement des tables, sont inscrits dans leur ordre progressif; les autres le sont au fur et à mesure des remplacements ou distributions.

Dans les corps qui ne comportent pas l'emploi de tous les chapitres du livre de détail, chacun de ceux qui sont à leur usage conserve néanmoins le numéro qui lui est affecté par le présent article.

Les chapitres 10, 11, 12, 15 et 18 ne font pas partie du livre de détail des corps organisés sous le titre de compagnie.

Le livre de détail est renouvelé le 1er janvier de chaque année, celui de l'année précedente est déposé aux archives après la vérification de la feuille de journées et de la feuille de décompte de la masse individuelle du quatrième trimestre.

Du livret des hommes de troupe.

Chaque homme de troupe reçoit, à son arrivée au corps, un livret qui est signé par le major, et sur lequel les renseignements qui constatent son état-civil, son signalement et le titre sous lequel il a été incorporé, ont été exactement transcrits d'après la matricule de l'escadron.

Tous les autres renseignements que présente cette matricule sont transcrits sur le livret ; il contient aussi la nomenclature réglementaire des effets de petit équipement et de petite monture ; l'inscription des recettes et dépenses de la masse individuelle ; et enfin, les dispositions de lois ou règlements dont le cavalier doit avoir incessamment le texte sous les yeux.

Le livret reçoit, en outre, par extrait du chapitre VII du livre de détail, l'inscription du nom, du numéro matricule et du signalement du cheval affecté au cavalier, avec celle des numéros et millésimes empreints sur les effets de harnachement dont il est détenteur.

L'homme qui passe d'un corps à un autre y reçoit, à son arrivée, un nouveau livret.

Le livret est la propriété du militaire à qui il est délivré. Il ne peut lui être retiré sous aucun prétexte, même lorsqu'il lui en est donné un nouveau ou qu'il quitte le service.

Les effets et armes qui sont distribués aux hommes, et les articles de recette et de dépense de leur masse, sont inscrits en leur présence au livret.

Le capitaine arrête et signe sur les livrets des hommes présents les comptes courants de leur masse individuelle, aux époques et dans les circonstances prescrites pour le règlement de ces comptes sur le livret de détail.

Du traitement des officiers.

La solde et les accessoires de solde des officiers sont payables à titre de traitement,

par mois et à terme échu, dans les trois
jours qui suivent la date à laquelle la perception en a été faite par le trésorier.

Au premier payement mensuel du traitement des officiers qui suit la vérification des
feuilles de journées par le sous-intendant
militaire, retenue est faite, à chaque capitaine, du prix des rations de vivres, chauffage et fourrages qui ont été reçues en trop
pendant le trimestre précédent par l'escadron qu'il commande, sur les bons établis
d'après les situations qu'il a produites. Mais,
si la comparaison des feuilles de journées
avec les bordereaux de fournitures fait ressortir un moins-perçu en denrées, la valeur
de ce moins-perçu entre proportionnelle-
ment en déduction du débet de chacun des
capitaines.

Les sommes à retenir font l'objet d'un
extrait du registre des distributions, qui est
certifié par le trésorier et sur lequel les
capitaines figurent nominativement; ils
l'émargent au moment où le prélèvement de
ces sommes est opéré sur leur traitement,
et le montant en est porté en recette au titre
de la solde.

Si l'ensemble des débets remboursés par
les capitaines, dans les différentes portions
du corps, excède la somme imputée au dé-

compte de libération pour trop-perçu en nature, la différence est versée par la solde à la masse générale d'entretien.

Du prêt.

La solde et les accessoires de solde des hommes de troupe sont payables à titre de prêt, par le trésorier, entre les mains du capitaine, les 1ᵉʳ, 6, 11, 16, 21 et 26 du mois, pour le nombre de jours formant l'intervalle de chacune de ces dates à la date suivante exclusivement.

Le capitaine perçoit le prêt, d'avance sur le pied de paix, et à terme échu lorsque les vivres de campagne sont fournis et que la troupe ne fait pas ordinaire, sur une feuille de prêt portant décompte, certifiée et quittancée par lui et que le trésorier vérifie avant d'en payer le montant.

Le montant de la feuille de prêt peut être payé au maréchal des logis chef, sur la présentation de cette feuille revêtue de l'acquit du capitaine.

Le maréchal des logis chef remet sur-le-champ à son capitaine la somme qu'il a touchée chez le trésorier.

La disposition qui rend le capitaine responsable des sommes payées sur ses quittances, est applicable au cas où il fait recevoir le prêt par le maréchal des logis chef, à moins de circonstances extraordinaires dont l'appréciation appartient au ministre.

Les hommes sont portés sur la feuille de prêt par la désignation de leurs grades et de leur nombre dans chaque grade. Le décompte s'établit sur l'effectif des présents au jour de la perception même, lorsque le prêt est payable d'avance, et sur celui des présents au jour de la dernière perception, s'il est payable à terme échu.

Les mutations survenues dans l'intervalle d'un payement à l'autre sont inscrites sur la feuille de prêt, nominativement autant que possible, avec les augmentations et diminutions auxquelles elles donnent lieu, sauf l'exception mentionnée aux paragraphes suivants, et le capitaine consigne à la fin de cette feuille les renseignements propres à justifier ou à éclaircir les rappels ou déductions dont l'explication n'aurait pas trouvé place dans l'espace affecté aux décomptes et aux mutations.

La feuille établie le 1er jour du trimestre ne doit point rapporter les mutations applicables au temps écoulé depuis le dernier prêt; elles sont l'objet d'une feuille supplémentaire portant décompte, lorsqu'elles donnent droit à un rappel.

Si l'escadron passe du pied de paix au pied de guerre, et *vice versa*, la feuille de prêt n'embrasse que le nombre de jours qui précède la date à laquelle s'opère cette transition, et il en est fait une spéciale pour les journées postérieures.

Lorsque dans l'intervalle des époques assignées, un certain nombre d'hommes sont incorporés simultanément et que le commandant de la compagnie ou de l'escadron qui les reçoit réclame la somme nécessaire pour leur faire le prêt, jusqu'à la fin de la période commencée, cette somme lui est payée sur une feuille spéciale.

La distribution du prêt est faite aux hommes et aux chefs d'ordinaire d'après le mode, dans les proportions et aux époques déterminés par le règlement sur le service intérieur.

Dès que les feuilles de journées ont été vérifiées par le sous-intendant militaire, le capitaine dresse un état comparatif des sommes qu'il a perçues pour prêt pendant le trimestre et de celles dont ces feuilles constatent l'allocation au profit de l'escadron, à titre de solde et accessoires de solde de la troupe. Cet état est remis au trésorier qui, après s'être assuré de son exactitude, le certifie conjointement avec le capitaine ; la somme perçue en trop est versée par le capitaine dans la caisse du trésorier. S'il ressort un moins-perçu, le montant en est remis au capitaine.

Tous les états comparatifs sont récapitulés par le trésorier dans un bordereau qu'il certifie, et dont le montant ne fait qu'un seul article de recette ou de dépense, selon le cas.

Lorsque les détachements qui se trouvent dans le ressort du conseil sont trop éloignés du lieu où il siège pour que les parties prenantes puissent venir en personne recevoir leur traitement ou percevoir le prêt chez le trésorier, les fonds nécessaires sont remis par ce comptable, soit aux officiers ou sous-officiers que les commandants du détachement ont envoyés pour venir les recevoir, soit à ceux que le président a désignés pour aller les porter. Dans l'un et l'autre cas, les dépositaires de ces fonds en donnent reçu au bas du titre constatant leur mission. Ce titre leur est rendu en échange des quittances des parties prenantes.

De la masse individuelle.

La masse individuelle est destinée à pourvoir et à entretenir les hommes de troupe de tous grade, des effets de linge et chaussure, de pansage et autres quelconques, compris, sous la dénomination générique d'effets de petit équipement, dans les nomenclatures annexées au règlement général sur le service de l'habillement.

L'objet de cette masse, en ce qui concerne les maîtres-ouvriers, est de leur fournir les moyens de se procurer, de faire réparer et de renouveler les effets d'habillement, de coiffure, de grand et de petit équipement dont le règlement précité laisse la première mise et le remplacement à leur charge.

Des allocations spéciales sont faites dans le même but aux adjudants-aides et sous-aides vétérinaires, qui les perçoivent avec la solde.

Les recettes et dépenses du fonds de la masse individuelle se composent des articles suivants, savoir :

Recettes.

1° Sommes perçues pour première mise et primes journalières;

2° Versements faits par les capitaines des sommes qu'ils ont reçues des hommes ;

3° Versements faits par les remplacés au corps ;

4° Versements faits par d'autres corps de l'avoir des hommes qui en sont venus, ou remboursement du débit de ceux qui y sont passés ;

5° Versements faits par la masse d'entretien du barrachement et par la masse générale d'entretien.

Dépenses.

1° Achat des effets de petit équipement ;

2° Payements faits, entre les mains des capitaines, des sommes revenant aux hommes ;

3° Versements faits à d'autres corps de l'avoir des hommes qui y ont passés, ou remboursement du débit de ceux qui en sont venus ;

4° Versements faits à la caisse des dépôts et consignations pour le compte des héritiers des hommes décédés ;

5° Versements ou payements faits au trésor, ou à des tiers, du montant des avances effectuées sur les fonds de l'indemnité de route, et des pertes, dégradations, réparations et autres imputations à la charge des hommes ;

6° Versements faits à la masse des hommes en congé illimité, ou qui ont quitté le service étant absents du corps.

Les hommes dont la masse est au-dessous du complet réglementaire peuvent en augmenter l'avoir jusqu'à concurrence de ce complet, au moyen de versements qu'ils font entre les mains de leur capitaine.

Les travailleurs et les hommes qui les remplacent dans leur service remettent à leur capitaine la moitié du salaire qu'ils touchent respectivement, jusqu'à ce que leur masse ait atteint le complet.

Les sommes que les capitaines ont reçues pour augmenter l'avoir des masses sont versées par eux, à la fin de chaque mois, dans la caisse du trésorier.

Le trésorier n'en fait qu'un seul article de recette, par trimestre, appuyé d'un bordereau qui est certifié par lui et vérifié par le major, et sur lequel a été préalablement inscrite et émargée, par chaque capitaine, la somme dont il effectue le versement.

Le militaire remplacé au corps par un homme qui y est étranger, est tenu de verser, au compte de son remplaçant, une somme égale au complet réglementaire de la masse, et, de plus, le montant de la première mise d'habillement fixée pour l'arme.

Si la masse du remplacé est obérée, il doit, en outre, rembourser au corps le montant de son débet.

La valeur des effets de petit équipement qui ont été détruits comme ayant servi au pansage des chevaux atteints de maladies contagieuses, est remboursée à la masse individuelle par la masse d'entretien du harnachement, au prix d'achat si les effets ont été distribués dans le trimestre, et sur le pied des deux tiers de ce prix, si leur distribution est plus ancienne.

Pour l'exécution du présent article, le capitaine établit, chaque fois que le cas se présente, un décompte qui après avoir été certifié par lui conjointement avec l'officier d'habillement, et vérifié par le major, est remis au trésorier pour servir de base au versement à opérer d'une masse à l'autre.

L'excédant du complet réglementaire de la masse, constaté par la feuille de décompte établie par le capitaine, est payé intégralement, aussitôt qu'elle a été vérifiée par le major, aux escadrons, pour les hommes qui sont alors présents, quelles que soient les imputations dont ils peuvent être devenus passibles depuis le premier jour du trimestre.

Dans les compagnies de discipline, le capitaine ne paye les excédants de masse qu'aux époques et dans les proportions réglées, individuellement ou collectivement, sur sa proposition, par le lieutenant général commandant la division.

Les hommes qui quittent le corps par congé illimité reçoivent, au moment de leur départ, l'excédant qui leur est acquis suivant l'arrêté du compte de leur masse.

Le montant des excédants est remis par le trésorier aux capitaines sur des états nominatifs certifiés et quittancés par eux, et vérifiés par le major.

Le trésorier établit un bordereau récapitulatif de ces états, et le certifie à la somme totale des payements effectués, qu'il inscrit en un seul article au registre-journal des recettes et dépenses.

Les sommes payées aux capitaines pour excédants de masse, sont portées, par le trésorier, au titre du trimestre où il en fait la remise à ces officiers, pour être distribuées aux hommes et inscrites à leurs comptes courants,

Dès qu'un homme, présent ou absent, passe à un autre corps ou quitte le service, le capitaine remet au trésorier un extrait du livre de détail, constatant la situation de la masse de cet homme. L'extrait est visé par le major, après vérification.

La présente disposition est applicable aux sous-officiers qui sont promus adjudants ou sous-lieutenants.

Tous les hommes rayés simultanément du contrôle sont compris sur le même extrait.

Le prix de réparation des effets ou armes dont la dégradation provient de la faute des hommes, est imputé sur leur masse individuelle, et payé aux ouvriers d'après les règles établies, ou versé au trésor s'il y a lieu.

Le montant des pertes et dégradations d'effets de casernement, de campement ou d'hôpital, et des dégradations dans les bâtiments de l'état, ou chez l'habitant, imputables aux hommes de troupe, est payé aux ayants droit ou versé au trésor, selon le cas, au moyen d'un prélèvement sur les fonds de la masse individuelle.

Les retenues à opérer pour couvrir ce fonds de la somme dont il a fait l'avance, s'effectuent par l'inscription de la part contributive de chaque homme à son compte courant, d'après l'état que l'officier chargé du casernement a dressé pour en régler la répartition entre les escadrons, et qui est communiqué aux capitaines après avoir été revêtu du visa du major.

Lorsque les pertes ou dégradations ont été commises par des hommes qui entrent dans une position d'absence ou qui cessent d'appartenir à l'escadron, l'officier de casernement, et à son défaut le capitaine, en dresse lui-même une note apréciative qui, après avoir ête revêtue de l'approbation du major, sert de base aux inscriptions à faire aux comptes-courants des débiteurs.

Les payements que fait le trésorier, en exécution des présentes dispositions, sont portés en dépense au titre du trimestre pendant lequel les imputations ont été ou doivent être inscrites aux comptes courants.

Le prix intégral des armes et la moins-value des effets et des instruments de musique qui sont perdus ou qui sont reconnus hors de service par la faute des hommes, sont imputés sur leur masse individuelle. Le montant de la perte ou de la moins-value est constaté par un bulletin établi par le capitaine, certifié par lui et par l'officier d'habillement, revêtu de l'avis du conseil sur la justice de l'imputation, et approuvé par le sous intendant-militaire.

Ces dispositions sont communes aux effets

que les hommes venant d'un autre corps ne peuvent représenter à leur arrivée, ou qui sont reconnus hors de service, bien qu'ils n'aient pas accompli leur durée réglementaire.

Dans les dix premiers jours de chaque trimestre, le montant des imputations applicables au trimestre précédent, est versé par le trésorier dans la caisse du receveur des finances (et à l'armée dans celle du payeur), d'après un état récapitulatif que l'officier d'habillement dresse en double expédition, au moyen des bulletins dont il est resté dépositaire et que le conseil arrête, sur la remise qui lui en est faite par le major.

Le récépisse que le receveur délivre au trésorier est adressé au sous-intendant militaire, pour être transmis à l'intendant qui le fait parvenir au ministre de la guerre.

Une déclaration du versement est inscrite par le receveur au bas de l'expédition de l'état récapitulatif, qui doit, avec les bulletins, demeurer entre les mains du trésorier comme justification de la dépense portée au registre-journal.

L'avoir des hommes désertés, disparus ou prisonniers de guerre et de ceux qui sont morts, soit dans une position de présence ou d'absence, soit dans la réserve, est versé à la masse générale d'entretion (2ᵉ portion).

Des achats d'effets de petit équipement.

Les achats d'effets de petit équipement se font dans les régiments de toutes armes par les soins d'une commission composée de trois capitaines d'escadron.

Les membres de la commission d'achat d'effets de petit équipement sont nommés les 1ᵉʳ avril et 1ᵉʳ octobre de chaque année, par tous les capitaines d'escadron présents dans le lieu où réside le conseil d'administration, et qui sont réunis à cet effet par l'ordre du commandant du corps sous la présidence du major.

L'élection a lieu au scrutin de liste, séance tenante. Le résultat en est constaté par un état nominatif des votants, relatant le nombre de voix qu'a obtenu chacun des éligibles présents ou absents; cet état dressé et certifié par le major, est remis aussitôt par lui au chef de corps.

A égalité de voix, la nomination est acquise à l'ancienneté de grade.

Si par suite de division du régiment, il se trouve à la portion centrale moins de six capitaines d'escadron, les trois plus anciens composent la commission.

Les membres dont le mandat expire peuvent être réélus.

Dans les corps organisés sous le titre d'escadrons, les trois plus anciens officiers titulaires forment d'abord la commission, et ils sont remplacés successivement par rang d'ancienneté.

La qualité de membre de la commission d'achat des effets de petit équipement est incompatible avec celle de membre du conseil d'administration.

Les membres de la commission qui s'absentent, qui reçoivent une nouvelle destination ou cessent d'appartenir au corps, sont supléés ou remplacés par les plus ancien osficiers du même grade.

Les membres suppléants cessent leurs fonctions lorsque les titulaires peuvent reprendre les leurs.

La commission correspond directement avec les fournisseurs, elle se concerte avec le major pour la rédaction des marchés.

Les effets de petit équipement sont, avant d'être versés en magasin, l'objet d'une vérification de la part de la commission d'achat, à laquelle se réunissent le major et l'officier d'habillement, l'un et l'autre avec voix délibérative. Le major la préside.

Dans les portions de corps ayant une administration distincte, cette vérification est faite par les officiers d'escadron qui concourent à la passation des marchés et l'officier délégué pour l'habillement, sous la présidence du plus ancien d'entre eux, à moins que l'organisation de la portion de corps ne compte un conseil d'administration éventuel, auquel cas, c'est l'officier remplissant les fonctions du major qui préside.

L'admission des effets n'a lieu qu'autant que, parmi les officiers formant la majorité qui les déclare recevables, il se trouve au moins deux membres de la commission à laquelle est dévolue le droit de passer les marchés.

En cas de partage égal d'avis, l'officier du grade le plus élevé, et, à égalité de grade, le plus ancien, a voix prépondérante.

Des distributions d'effets de petit équipement.

Les effets de petit équipement sont déli-vrés par l'officier d'habillement, sur la présentation de bons nominatifs.

La distribution des effets de petit épuipement reçus du magasin est faite, dans l'intérieur des escadrons par le maréchal des logis chef, en présence du capitaine.

Tout homme de troupe doit, à dater du jour de son immatriculation, être constamment pourvu des effets de petit équipement compris dans la nomenclature de l'arme à laquelle il appartient.

Si les jeunes soldats, les engagés volontaires ou les remplaçants, sont munis, à leur arrivée, d'effets de même nature qui soient en bon état, il ne leur en est fourni d'autres par le magasin du corps que lorsque les premiers sont hors de service.

Par dérogation à l'article précédent, les hommes qui, vu leur état de santé ou pour toute autre cause, sont présumés ne devoir pas rester au corps, ne reçoivent que les effets qui leur sont strictement nécessaires.

Les effets de petit équipement qui, par leur forme ou leur nature, peuvent recevoir une empreinte, sont marqués du numéro matricule des hommes qui en sont pourvus, au moyen de chiffres en métal que le conseil fait fournir aux capitaines, et dont ces officiers restent dépositaires et responsables.

Dans les cinq premiers jours de chaque trimestre, l'officier d'habillement établit, en double expédition, un bordereau récapitulatif portant décompte des effets délivrés à chaque escadron pendant le trimestre précédent. Ce bordereau est soumis à la vérification du major et à l'approbation du conseil, une expédition en est remise au trésorier pour rester à l'appui des feuilles de décompte de la masse individuelle, comme contrôle des imputations du prix des effets de petit équipement fournis aux hommes par le magasin du corps.

Des réparations au compte de la masse individuelle.

Les réparations d'effets de toute nature dont la dépense est imputable sur la masse individuelle sont faites sous l'aprobation du sous-intendant militaire, soit d'après les tarifs, ou d'après des marchés passés par le conseil, qui déterminent l'espèce et le prix de chaque réparation, soit à prix débattu entre les deux capitaines et les ouvriers ; le choix entre ces deux modes appartient au conseil d'administration, et ce n'est qu'avec son assentiment que, dans le dernier cas, les capitaines peuvent avoir recours aux ouvriers du corps.

Les réparations sont exécutées d'après des bulletins nominatifs délivrés par les commandants de compagnie ou d'escadron, aussitôt que les dégradations sont connues et appréciées par eux.

Chaque bulletin désigne le maître-ouvrier ou l'ouvrier civil qui doit exécuter la réparation, et contient outre les noms des détenteurs des effets, l'indication sommaire et le prix de l'ouvrage à faire.

Les bulletins pour les réparations sont inscrits par les capitaines, au fur et à mesure qu'ils les délivrent, sur un bordereau d'enregistrement journalier pour celles à exécuter par les ouvriers du corps, au prix du tarif ou par voie de marché, et pour celles qui sont faites à prix débattu par les ouvriers civils, les prix alloués aux maîtres-ouvriers sont relatés distinctement pour chaque objet et par nature de réparation.

Des réparations d'armes.

Les réparations d'armes dont la dépense est mise à la charge de la masse individuelle sont exécutées par les ouvriers qui entretiennent l'armement du corps, ou par les établissements de l'artillerie.

Les imputations à faire aux hommes sont effectuées au prix des tarifs arrêtés par le ministre pour les réparations d'armes au compte de la masse individuelle.

Dispositions spéciales au service de l'habillement.

Les effets d'habillement, de coiffure et de grand équipement sont classés sous les titres de première et de deuxième catégorie.

La durée réglementaire des effets de la

première catégorie est supputée par trimestre, depuis et y compris celui où la distribution en est faite par le magasin d'habillement.

Lorsque les effets rentrent en magasin
avant d'avoir accompli leur durée réglementaire, elle est suspendue à compter du
trimestre qui suit celui de la réintégration.
Elle n'est pas suspendue pour les effets déposés en magasin par les hommes entrant
dans une position d'absence.

La durée des effets de la deuxième catégorie, de ceux de harnachement, des armes
et des instruments de musique, est imputée
par année, et n'est pas suspendue par suite
des réintégrations en magasin.

Les effets de la première catégorie sont
remplacés au terme de leur durée réglementaire.

Les effets de la deuxième catégorie, ceux
de harnachement, les armes et les instruments de musique, ne sont remplacés qu'a-
près avoir atteint le terme de la durée réglementaire, et seulement lorsqu'ils ont été
réformés.

Le remplacement des effets, des armes et
des instruments de musique, perdus ou mis

hors de service, s'opère dès que le fait a été duement constaté.

Les hommes nouvellement immatriculés sont habillés et équipés dès leur arrivée au corps.

Les effets en cours de durée sont distribués aux jeunes soldats et aux remplaçants, s'il en existe en magasin qui puissent être ajustés à leur taille.

Les effets neufs sont préférablement donnés aux enrôlés volontaires et aux hommes venant d'autre corps ou de la réserve.

Les hommes qui sont présumés devoir être renvoyés dans leurs foyers ou réformés à la première revue trimestrielle, ne reçoivent que les effets qui leur sont rigoureusement nécessaires et qui sont pris parmi ceux en cours de durée, ou même dont la durée est accomplie.

Les anciens soldats reçoivent, autant que possible, des effets neufs à titre de remplacement.

Aucun remplacement n'a lieu dans le trimeste qui précède celui de la libération.

Les hommes qui sont désignés ou préposés pour quitter le corps avant l'époque de la libération, soit par congé illimité, soit par toute autre cause emportant radiation des contrôles anuels, ne reçoivent pas d'effets de remplacement à partir de l'époque de la notification de l'ordre d'après lequel doit s'opérer cette radiation.

Ces dispositions ne sont applicables ni aux militaires en instance pour obtenir la pension de retraite, ni à ceux qui doivent être libérés aux armées.

Les effets à l'uniforme du corps, apportés par les hommes rappelés de la réserve, ne sont remplacés qu'à l'expiration de leur durée réglementaire, à moins que le sous-intendant militaire, après avoir procédé à leur examen, concurremment avec le conseil d'administration, n'en approuve le remplacement anticipé.

La distribution des effets de la première catégorie date toujours du trimestre pendant lequel elle est faite par l'officier d'habillement, alors même qu'elle n'a lieu que postérieurement aux époques déterminées, soit que les hommes à qui les effets revenaient à ces époques aient alors été absents, malades ou détenus, soit que la situation du magasin n'ait pas permis de les leur délivrer.

Les effets sont essayés aux hommes, dans le magasin, au moment de la distribution et en présence du commandant de l'escadron.

En cas de contestation entre cet officier et l'officier d'habillement, le major prononce.

Les effets d'habillement, de coiffure et de grand équipement, délivrés par le magasin d'habillement, ne peuvent y être échangés qu'en vertu des ordres du commandant du corps ou de la portion du corps.

Les effets de la première catégorie sont marqués, au magasin d'habillement, du numéro du trimestre et de l'année de leur distribution au moment où ils sont délivrés ; le numéro matricule de l'homme qui les reçoit est appliqué dans les escadrons, par les soins des capitaines.

Ceux qui rentrent au magasin après avoir déjà fait une partie de leur durée, reçoivent en outre, au-dessous de ce numéro, le timbre du trimestre de leur réintégration en magasin avec la lettre R (*Réintégré*).

Lorsqu'ils sont remis en service, l'officier d'habillement fait ajouter au timbre de la nouvelle distribution le chiffre indicatif du nombre de trimestres de durée restant à parcourir, et il le fait inscrire sur les bons au moment de la distribution.

Les effets de la deuxième catégorie, les effets de harnachement et les instruments de musique, sont marqués du millésime de l'année de leur mise en service et d'un numéro de série qui y est apposé au moment de leur réception au magasin d'habillement.

Il y a une série distincte pour chaque sorte d'effets ou d'instruments.

Les armes ne sont marquées que d'un numéro de série.

Les effets, armes ou instruments qui remplacent ceux qui ont été classés hors de service, prennent les numéros laissés vacants dans chacune des séries auxquelles ils appartiennent respectivement.

Les commandants d'escadron doivent, sous leur responsabilité, faire réapposer les marques qui disparaissent par suite de réparations ou d'accidents, et celles qui cessent d'être assez apparentes.

Tous les effets et armes classés hors de service sont versés au magasin d'habillement et portés en recette au registre des comptes ouverts avec les escadrons.

Les pantalons seuls restent, à l'expiration

de leur durée réglementaire, la propriété des hommes qui ne peuvent néanmoins en disposer qu'avec l'autorisation de leur capitaine. Cet autorisation ne peut leur être donnée que lorsque le second pantalon (*le dernier délivré*) a été remplacé.

Les galons d'or ou d'argent apposés sur les effets réformés, soit des sous-officiers soit des muciens, sont détachés de ces effets au moment de leur réintégration en magasin ; il en est fait deux lots, composés, l'un, des galons en assez bon état pour être remis en service, et l'autre, de ceux qui ne peuvent plus être employés. Les galons qui composent le premier lot, et dont il est fait recette au compte des effets en cours de durée, sont affectés à la petite tenue des hommes promus sous-officiers ou nommés musiciens. Les autres, dont on fait recette pour leur poids au compte des effets hors de service, sont livrés aux préposés du domaine.

L'officier d'habillement est informé, par le major, du passage des hommes à d'autres escadrons du corps.

Les capitaines lui feront connaître directement, au moyen de bulletin de perte, dressés par eux dans la forme des bulletins de versement, les effets et les armes emportés par les hommes qui ont déserté, disparu ou qui sont faits prisonniers de guerre.

Les militaires remplacés par des hommes étrangers au corps versent au trésor, d'après le tarif arrêté par le ministre, le montant des dépenses qu'occasionnent l'habillement et l'équipement de leur remplaçants.

Le récipissé de la somme versée est remis au sous-intendant militaire qui dresse l'acte de remplacement.

Les effets et les armes des hommes entrant dans une position éventuelle d'absence, détachés ou détenus, sont déposés au magasin d'habillement, avec une note qui en présente exactement les désignations et qui indique la valeur estimative des dégradations qui y sont reconnues. Cette note est datée et certifiée par le commandant de l'escadron, elle est rendue, avec les effets, à l'homme rentrant dans la position de présence; mais s'il est rayé des contrôles du corps, elle est conservée par l'officier d'habillement pour être mise à l'appui du bulletin des réparations ou remplacement laissés au compte de la masse individuelle.

Si les effets et les armes restent en dépôt dans le magasin de l'escadron, le capitaine conserve la note qui, dans ce cas, est visée par le major.

Les pantalons d'ordonnance remis à l'officier d'habillement pour être convertis en pantalons de cheval, ne donnent lieu à aucune écriture sur les registres des effets rentrés en magasin pour être remis en service.

Du contrôle administratif des corps et de l'arrêté de leurs comptes.

L'administration et la comptabilité des corps de troupe sont soumises au contrôle de l'intendance militaire.

Les fonds, les registres et les pièces à l'appui, sont représentés aux officiers de l'intendance militaire toutes les fois qu'ils les requièrent pour leurs verifications.

SOLDE, VIVRES, FOURRAGES ET CHAUFFAGE.

Les droits des militaires aux prestations en deniers et en nature, qui leur sont aldouées par les règlements, conformément aux dispositions de l'ordonnance royale du 25 décembre 1837, sont fixés, pour les différentes positions, par des tarifs spéciaux, ci-après rapportés :

—

Prestations en deniers (ord. du 5 déc. 1840).

(Voir pour les tableaux, ci-après.)

TARIF DE LA SOLDE POUR LES CARABINIERS. — OFFICIERS.

GRADES.	Par an.	Par mois.	SOLDE DE PRÉ. en stat ou en camp.	en mar en corp ou en d	supl. de sol. dans Paris.	en semes ou en congé	à l'hôpit.	à l'hôp. ét. en s. ou en c. av. sol.	en captiv	Observ.
	fr.	f. c.	f. c.	f. c.	f. c.	f. c.	f. c.	f. c.	f. c.	
Colonel . . .	5,500	458 33 3	15 27 7	20 27 7	3 05 5	7 63 8	12 27 7	4 63 8	7 63 8	
Lieut.-colon.	4,700	391 66 6	13 05 5	18 05 5	2 61 1	6 52 7	10 05 5	3 52 7	6 52 7	
Ch. des. et m.	4,000	333 33 3	11 11 1	15 11 1	2 22 2	5 55 5	8 11 1	2 55 5	5 55 5	
Capit. inst..	"	»	»	»	»	»	»	»	»	(2)
Adjud.-major / Trésorier . . / Officier d'hab	2,300	191 66 6	6 38 8	9 38 8	1 59 7	3 19 4	4 38 8	1 19 4	(1)	(3)
Of. adj. au tr	»	»	»	»	»	»	»	»	»	(4)
Porte-étend .	1,600	133 33 3	4 44 4	6 94 4	1 48 1	2 22 2	2 94 4	0 72 2	(1)	
Cap. Chir { major. .	"	»	»	»	»	2 »	»	»	»	(5)
{ aide-maj	"	»	»	»	»	))	»	))))	))))))	
Lieut. Cap. Chir { en prem	2,500	208 33 3	6 94 4	9 94 4	1 73 6	3 47 2	4 94 4	1 47 2	3 47 2	
{ en secon	2,300	191 66 6	6 38 8	9 38 8	1 59 7	3 19 4	4 38 8	1 19 4	3 19 4	
{ en prem	1,800	150 00 0	5 00 0	7 50 0	1 66 6	2 50 0	3 50 0	1 00 0	2 50 0	
{ en secon	1,600	133 33 3	4 44 4	6 94 4	1 48 1	2 22 2	2 94 4	0 72 2	2 22 2	
Sous-lieuten.	1,500	125 00 0	4 16 6	6 66 6	1 38 8	2 08 3	2 91 6	0 83 3	2 08 3	

(ÉTAT-MAJOR — ESCADRONS)

(1) La moitié de la solde du grade de la classe.

(2) La solde de son grade et de sa classe avec le quart en sus, quand il est en fonction.

(3) Ou la solde de capitaine en premier, s'ils y ont droit par leur ancienneté dans ce grade.

(4) La solde de son grade et de sa classe.

(5) Voir le tableau spécial aux officiers de santé.

TARIF DE SOLDE POUR LES CARABINIERS. — SOUS-OFFICIERS ET SOLDATS.

	GRADES.	SOLDE DE PRÉSENCE par jour — av. viv. de cam. ou sans vivres. (f. c.)	en stat. avec le pain seulem. (f. c.)	en mar. en corp avec le pain. (f. c.)	suppl. de solde dans Paris. (f. c.)	SOLDE D'ABSENCE par jour — en semestre ou congé. (f. c.)	à l'hôpital. (f. c.)	à l'hôpital et en con. ou en sem. avec sold. (f. c.)	Observat.
ÉTAT-MAJOR.	Adjudant sous offic..	2 16 0	2 25 0	3 10 0	0 62 8	0 91 0	» 60 6	» 30 3	
	Vétérinaire	»	»	»	»	»	»	»	(1)
	Trompette-major . .	1 68 0	1 83 0	2 03 0	0 50 0	0 65 0	»	»	
	Brigadier-trompette.	1 13 0	1 28 0	1 38 0	0 47 5	0 47 5	»	»	
	Maît. { armurier. . . .	0 93 0	1 08 0	1 28 0	0 28 0	0 37 5	»	»	(2)
	Maît. { taill., bot., sel.	0 38 0	0 53 0	0 63 0	0 11 5	0 11 5	»	»	
	Maréc. des logis ch.	1 23 0	1 38 0	1 63 0	0 32 0	0 42 5	»	»	
	M. d. l. et m. d. l. f.	0 93 0	1 08 0	1 28 0	0 28 0	0 37 5	»	»	
ESCADRONS.	Brigadier-fourrier. .	0 73 0	0 88 0	1 08 0	0 20 0	0 27 5	»	»	
	Brigadier.	0 53 0	0 68 0	0 78 0	0 18 5	0 18 5	»	»	
	Carabi- { de 1re clas	0 43 0	0 58 0	0 68 0	0 14 0	0 14 0	»	»	
	niers { de 2e clas	0 38 0	0 53 0	0 63 0	0 11 5	0 11 5	»	»	
	Trompettes	0 75 0	0 90 0	1 00 0	0 30 0	0 30 0	»	»	
	Elève-trompette. . .	0 38 0	0 53 0	0 63 0	0 11 5	0 11 5	»	»	
	Enf. de tr { av. l'âg. 14 ans	»	0 31 5	0 51 5	0 10 7	»	»	»	(3)
	{ à l'âg. de 14 a	0 38 0	0 53 0	0 63 0	0 11 5	»	»	»	

(1) Voir le tableau spécial aux vétérinaires, p. 74.

(2) Voir les observations après les tarifs, p. 92.

(3) Ou la solde de trompette, s'il en fait titulairement le service.

TARIFS DE SOLDE POUR LES CUIRASSIERS. — OFFICIERS.

	GRADES.	par an. (f.)	par mois. (f. c.)	SOLDE DE PRÉSENCE par jour — en situat. ou en campagne (f. c.)	en mar. en c. ou en dét. (f. c.)	S. de solde d.Par. (f. c.)	Solde d'absence par jour — en semestre ou en congé (f. c.)	à l'hôpital. (f. c.)	à l'hôp. et. en s. ou en c. av.sol (f. c.)	en captiv. (f. c.)	Observations.
État-Major.	Colonel	5,500	458 33 3	15 27 7	20 27 7	3 05 5	7 63 8	12 27 7	4 63 8	7 63 8	
	Lieut.-colonel .	4,700	391 66 6	13 05 5	18 05 5	2 61 1	6 52 7	10 05 5	3 52 7	6 52 7	
	Ch. d'esc. et m .	4,000	333 33 3	11 11 1	15 11 1	2 22 2	5 55 5	8 11 1	2 55 5	5 55 5	
	Capit. instr. .	»	b	»	»	»	»	»	»	»	(2
	Adjudant-maj. / Trésorier . . . . . / Offic. d'habil.	2,300	191 66 6	6 38 8	9 38 8	1 59 7	3 19 4	4 38 8	1 19 4	(4)	(3
	Offic. adj. au tr.	»	»	»	»	»	»	»	»	»	(4
	Porte-étendard .	1,600	133 33 3	4 44 4	6 94 4	1 48 1	2 22 2	2 94 4	0 72 2	(1)	(5
	Chir. { major...	»	»	»	»	»	»	»	»	»	
	Chir. { aide-maj.	»	»	»	»	»	»	»	»	»	
Escadrons.	Cap. { en prem.	2,500	208 33 3	6 94 4	9 94 4	1 73 6	3 47 2	4 94 4	1 47 2	3 47 2	
	Cap. { en second	2,300	191 66 6	6 38 8	9 38 8	1 59 7	3 19 4	4 38 8	1 19 4	3 19 4	
	Lieut { en prem.	1,800	150 00 0	5 00 0	7 50 0	1 66 6	2 50 0	3 50 0	1 00 0	2 50 0	
	Lieut { en second	1,600	133 33 3	4 44 4	6 94 4	1 48 1	2 22 2	2 94 4	0 72 2	2 22 2	
	Sous-lieutenant .	1,500	125 00 0	4 16 6	6 66 6	1 38 8	2 08 3	2 91 6	0 81 3	2 08 3	

(1) La moitié de la solde du grade et de la classe.

(2) La solde de son grade et de sa classe avec le quart en sus, quand il est en fonction.

(3) Ou la solde de capitaine en premier s'ils y ont droit par leur ancienneté dans ce grade.

(4) La solde de son grade et de sa classe.

(5) Voir le tableau spécial aux officiers de santé, p.70.

	SOLDE DE PRÉSENCE par jour.				SOLDE D'ABSENCE par jour.			Observations.
GRADES.	avec viv. de camp ou sans vivres.	en stat. avec le pain seulem.	en marc. en corps avec le pain.	suppl. de solde dans Paris.	En semest. ou en congé.	A l'hôpital	à l'hôp. ét. en s ou en c av. sold	
	f. c.	f. c.	f. c.	f. c.	f. c.	f. c.	f. c.	
Petit état-major. Adjudant sous-officier.....	2 05 0	2 20 0	3 05 0	0 60 8	0 88 5	0 59 0	0 29 5	
Vétérinaire...........	»	»	»	»	»	»	»	(1)
Trompette-major........	1 63 0	1 78 0	1 98 0	0 48 0	0 62 5	»	»	
Brigadier-trompette......	1 08 0	1 23 0	1 33 0	0 45 0	0 45 0	»	»	
Mait. { Armurier.........	0 88 0	1 03 0	1 23 0	0 26 0	0 35 0	»	»	
{ tailleur, bott., sellier	0 33 0	0 48 0	0 58 0	0 09 0	0 09 0	»	»	
Escadrons. Maréchal des logis chef...	1 18 0	1 33 0	1 58 0	0 30 0	0 40 0	»	»	(2)
Mar. des log. et m. des l. four.	0 88 0	1 03 0	1 23 0	0 26 0	0 35 0	»	»	
Brigadier-fourrier	0 68 0	0 83 0	1 03 0	0 18 0	0 25 0	»	»	
Brigadier.............	0 48 0	0 63 0	0 73 0	0 16 0	0 16 0	»	»	
Cuirassier { de 1re classe.	0 38 0	0 53 0	0 63 0	0 11 5	0 11 5	»	»	
{ de 2e classe..	0 33 0	0 48 0	0 58 0	0 09 0	0 09 0	»	»	
Trompette	0 70 0	0 85 0	0 95 0	0 27 5	0 27 5	»	»	
Elève-trompette.........	0 33 0	0 48 0	0 58 0	09 0	0 09 0	»	»	
enf. de troupe. { av. l'âge de 14 ans.	»	0 29 0	0 49 0	0 09 5	»	»	»	
{ à l'âge de 14 ans.	0 33 0	0 48 0	0 58 0	0 09 0	a	»	»	3)

(1) Voir le tableau spécial aux Vétérinaires, p. 74.
(2) Voir les observations générales après les tarifs.
(3) Ou la solde de trompette s'il en fait titulaire-ment service.

TARIF de solde pour Dragons, Lanciers, Chas- OFFI-

-seurs, Hussards et Chasseurs d'Afrique. -CIERS.

Tableau (SOLDE DE PRÉSENCE / Solde d'absence par jour) :

GRADES.	par an. f.	par mois. f. c.	par jour, en stat. ou en camp. f. c.	en mar. en c. ou en dét. f. c.	Sup. de sol. Paris. f. c.	en semestre ou en congé. f. c.	à l'hôpital. f. c.	à l'h. ét. en s. ou en c. av. sol. f. c.	en captivité. f. c.	Observations.
Etat-major.										
Colonel	5,500	458 33 3	15 27 7	20 27 7	3 05 5	7 63 8	12 27 7	4 63 8	7 63 8	
Lieut.-colonel ...	4,700	391 66 6	13 05 5	18 05 5	2 61 1	6 52 7	10 05 5	3 52 7	6 52 7	
Chef d'esc. et maj.	4,000	333 33 3	11 11 1	15 11 1	2 22 2	5 55 5	8 11 1	2 55 5	5 55 5	
Capit. instruct. .	»	»	»	»	»	»	»	»	»	(2
Adjud.-major. ...										
Trésorier	2,300	191 66 6	6 38 8	9 38 8	1 59 7	3 19 4	4 38 8	1 19 4	(1)	(3
Offic. d'habillem.										(4
Of. adj. au trésor.	»	»	»	»	»	»	»	»	»	
Porte-étendard...	1,600	133 33 3	4 44 4	6 94 4	1 48 1	2 22 2	2 94 4	0 72 2	(1)	
Chir. major ...	»	»	»	»	»	»	»	»	»	(5
Chir. aide-major.	»	»	»	»	»	»	»	»	»	
Escadrons.										
Cap. en premier.	2,500	208 33 3	6 94 4	9 94 4	1 73 6	3 47 2	4 94 4	1 47 2	3 47 2	
Cap. en second.	2,300	191 66 6	6 38 8	9 38 8	1 59 7	3 19 4	4 38 8	1 19 4	3 19 4	
Lieut en premier.	1,800	150 00 0	5 00 0	7 50 0	1 66 6	2 50 0	3 50 0	1 00 0	2 50 0	
Lieut en second.	1,600	133 33 3	4 44 4	6 94 4	1 48 1	2 22 2	2 94 4	0 72 2	2 22 2	
Sous-lieutenant ..	1,500	125 00 0	4 16 6	6 66 6	1 38 8	2 08 3	2 91 6	0 83 3	2 08 3	

(1) La moitié de la solde du grade et de la classe.

(2) La solde de son grade et de sa classe avec le quart en sus, quand il est en fonction.

(3) Ou la solde de capitaine en premier s'ils y ont droit par leur ancienneté dans ce grade.

(4) En solde de son grade et de sa classe.

(5) Voir le tableau spécial aux officiers de santé, p. 70.

	GRADES.	Solde de présence par jour.				Solde d'absence par jour			Obser.
		avec vivres de camp ou sans vivres.	en station avec le pain seulem.	en marche en corp avec le pain.	supplé. de solde dans Paris.	en semestre ou en congé.	à l'hôpital.	à l'hôp. étant en sem. ou en con. av. sol.	
		f. c.	f. c.	f. c.	f. c.	f. c.	f. c.	f. c.	
État-major.	Adjudant sous-officier.....	1 88 0	2 03 0	2 88 0	0 54 0	0 80 0	0 53 3	0 26 6	
	Vétérinaire.............	»	»	»	»	»	»	»	(1)
	Trompette-major........	1 18 0	1 33 0	1 53 0	0 30 0	0 40 0	»	»	
	Brigadier-trompette......	0 83 0	0 98 0	1 08 0	0 32 5	0 32 5	»	»	
	Maître. { armurier.......	0 73 0	0 88 0	1 08 0	0 20 0	0 27 5	»	»	
	Maître. { taill., bot., sell.	0 28 0	0 43 0	0 53 0	0 06 5	0 06 5	»	»	
Escadrons.	Maréch. des logis chef....	1 06 0	1 21 0	1 46 0	0 25 2	0 25 3	»	»	(2)
	M. d. l. et m. d. l. four...	0 73 0	0 88 0	1 08 0	0 20 0	0 27 5	»	»	
	Brigadier-fourrier........	0 63 0	0 78 0	0 98 0	0 16 0	0 22 5	»	»	
	Brigadier	0 43 0	0 58 0	0 68 0	0 13 5	0 13 5	»	»	
	Dragon, chasseur, } 1re cl.	0 33 0	0 48 0	0 58 0	0 09 0	0 19 0	»	»	
	Lancier, hussard. } 2e cl..	0 28 0	0 43 0	0 53 0	0 06 5	0 06 5	»	»	
	Trompette	0 65 0	0 80 0	0 90 0	0 25 0	0 25 0	»	»	
	Elève-trompette..........	0 28 0	0 43 0	0 53 0	0 06 5	0 06 5	»	»	
	Enfant de troupe. { av. l'âge de 14	»	0 26 5	0 46 5	0 08 0	»	»	»	
	Enfant de troupe. { à l'âge de 14 ans	0 28 0	0 43 0	0 53 0	0 06 5	»	»	»	(3)

(1) Voir le tableau spécial aux vétérinaires, p. 74.
(2) Voir les observations générales après les tarifs, p. 92.

(3) Ou la solde de trompette, s'il en fait titulairement les fonctions.

GRADES.	SOLDE DE — Sur le pied de paix.			PRÉSENCE. — Sur le pied de guerre (2)			Solde d'abs. par jour.		
	par an	par mois.	par jour	par an	par mois.	par jour	en congé, et en captivité.	à l'hôpital.	à l'hôp. étant en con. avec solde.
	f.	f. c.	f. c.	f.	f. c.	f. c.	f. c.	f. c.	f. c.
Chir.-maj. { 1re cl.	3,000	250 00 0	8 33 3	4,500	375 00 0	12 50 0	4 16 6	6 33 3	2 16 6
{ 2e cl.	2,500	208 33 3	6 94 4	3,750	312 50 0	10 41 6	3 47 2	4 94 4	1 47 2
Chir. aide-m. { 1re cl.	2,050	170 83 3	5 69 4	3,175	256 25 0	8 54 1	2 84 7	4 19 4	1 34 7
{ 2e cl.	1,850	154 16 6	5 13 8	2,775	231 25 0	7 70 8	3 63 8	4 19 4	1 06 9
Chirurgien et aide-m. commissionné.	1,850	154 16 6	5 13 8	»	»	»	2 56 9	3 63 8	1 06 9
Chirurgien sous-aide..	1,350	112 50 0	3 75 0	2,025	168 75 0	5 62 5	1 87 5	2 50 0	0 62 5
Chir. sous-aide auxil.	1,350	112 50 0	3 75 0	2,025	168 75 0	5 62 5	1 87 5	2 50 0	0 62 5

(1) La solde sur le pied de guerre est pour les officiers de santé des hôpitaux et ambulance seulement.

Il est accordé une subvention de 400 fr. aux élèves de la première division des hôpitaux d'instruction, et de 600 fr. aux élèves de perfectionnement.

GRADES.		Supplément de solde dans Paris par jour.	SOLDE — Solde de pré		SPÉCIALE EN AFRIQUE — sence par jour.	Solde d'abs. par jour			Observations.
			an.	mois.		en con. et en captiv.	à l'hôpit.	à l'hôp. ét. en c. av. sol.	-
		f. c.	f.	f. c.	f. c.	f. c.	f. c.	f. c.	
Chir.-maj.	1re cl.	2 08 5	4,320	366 00	12 00 0	4 16 6	6 33 3	2 16 6	
	2e cl.	1 73 6	3,570	297 50	9 91 6	3 42 7	4 94 4	1 47 2	
Chir. aide-m.	1re cl.	1 89 8	2,895	241 25	8 04 1	2 84 7	4 19 4	1 34 7	
	2e cl.	1 71 2	2,595	216 25	7 20 8	2 56 9	3 63 8	1 06 9	
Chirurgien aide-m. commissionné.		1 71 2	»	»	»	»	»	»	
Chirurgien sous-aide ..		1 23 0	1,845	153 75	5 12 5	1 87 5	2 50 0	0 62 5	
Chir. sous-aide auxil.		1 25 0	»	»	»	»	»	»	

Nota. En principe, DANS LA POSITION DE ROUTE, les chirurgiens-majors ont droit à une indemnité de 3 fr. 50 c. par journée de marche, et les chirurgiens-aides-majors à une indemnité de 2 fr. 50 c. Cette indemnité est accordée à ces officiers de santé sur les fonds de l'indemnité de route lorsqu'ils voyagent isolément ; elle leur est due comme supplément de la solde et elle leur est allouée à ce titre dans les revues, lorsque les corps dont ils font partie sont en marche et qu'ils ont droit à la solde de route.

(Note ministérielle, Journal militaire, sem. 44, p. 249, à la date du 27 avril 1844.)

Grades.	Temps du service.	SOLDE DE PRÉSENCE		par jour.		SOLDE DE PRÉSENCE par jour.			Suppl. de solde dans Paris par jour.	Observations.
		par an	par mois.	en station ou en campag	en marche avec la troupe.	en congé.	à l'hôpit.	à l'hôpit. étant en congé avec solde.		
		f.	f. c.	f. c.	f. c.	f. c.	f. c.	f. c.	f. c.	
Vétér princip.		2.500	208 33 3	6 94 4	»	3 47 2	4 94 4	1 47 2	1 73 6	(1)
Vétér. en 1er.		1,800	150 00 0	5 00 0	7 50 0	3 50 0	3 50 0	1 00 0	1 25 0	
Aide-vétérin.		1,400	116 66 6	3 88 8	5 58 8	2 58 3	2 58 3	0 64 8	1 29 6	
S.-aide vétér.		1,200	100 00 0	3 33 3	4 83 3	2 22 2	2 22 2	0 55 5	1 11 1	

(1) Sur le pied de guerre le traitement des vétérinaires principaux, pourvu des fonctions de vété-
naires en chef, est fixé par une décision spéciale.

SUPPLÉMENT A LA SOLDE DE ROUTE

pour les distances d'étapes parcourues en un jour en sus de la première.

DÉSIGNATION des grades.	Fixation du suppl. par dist. d'étape.	Observat.
CORPS DE TOUTES ARMES.	fr. c.	
Colonel et lieutenant-colonel...	2 00	
Chef d'escadron et major	1 60	
Capitaine, adj.-maj., trésor., offic. d'habill., chir.-major..	1 20	
Lieutenant, sous-lieutenant, chirurgien aide-maj., porte-étend.	1 00	
Adjudant sous-officier, vétérinaire en premier	» 40	
Maréchal des logis chef........	» 16	
Mar. des logis fourrier, tromp., vétérin. en 2ᵉ, maître ouvrier (s'il est sous-officier)........	» 14	
Brigadier, brigadier-trompette, soldat, trompette, maître-ouvrier (s'il n'est pas sous-officier), enfant de troupe	» 10	

	Nombre de chevaux	FIXATION JOURNALIÈRE. Infant. de ligne et légère.		Observations.
		sous-officiers	capor. et soldats.	
		f. c.	f. c.	
H.-paye pour ancien. de serv. { après 7 ans.	1	0 10 0	0 08 0	
après 11 ans	2	0 15 0	0 10 0	
après 15 ans	3	0 20 0	0 15 0	

GRADES.	logement par an.	logement par mois.	logement par jour.	d'ameublement par an.	d'ameublement par mois.	d'ameublement par jour.	Observations.
	fr.	f.	f. c.	fr.	f. c.	f. c.	
CORPS DE TROUPE.							
Colonel	960	80	2 66 6	320	26 66 6	0 88 8	
Lieutenant-colonel	840	70	2 33 3	280	23 33 3	0 77 7	
Chef d'escadron et major	720	60	2 00 0	240	20 00 0	0 66 6	
Trésorier — Indemnité personnel..	360	30	1 00 0	180	15 00 0	0 50 0	
Trésorier — Ind. pour l'emplac. du bureau (1)	216	18	0 60 0	108	9 00 0	0 30 0	
Officier payeur en fonct. près d'une portion de corps. — Indemnité personnelle.	»	»	»	»	»	»	
Officier payeur en fonct. près d'une portion de corps. — Indem. pour l'emp. du bureau (1)	120	10	0 33 3	60	5 00 0	0 16 6	
Officier d'habillement. — Indemnité personnelle.	360	30	1 00 0	180	15 00 0	0 50 0	
Officier d'habillement. — Ind. pour l'empl. du bureau (1)	120	10	0 33 3	60	5 00 0	0 16 6	
Capitaine, adjud.-major, chirurg.-major..	360	30	1 00 0	180	15 00 0	0 50 0	
Lieut. sous-lieut. chirurgien aide-major..	240	20	0 66 6	120	10 00 0	0 53 3	(2)
Vétérinaires principaux	360	30	1 00 0	180	15 00 0	0 50 0	
Vétérinaire en premier	240	20	0 66 6	120	10 00 0	0 53 3	

(1) En cas d'absence des trésoriers, officiers payeurs et officiers d'habillement titulaires, leurs suppléants reçoivent cette portion d'indemnité avec l'indemnité de logement de leur grade.

(2) Celle de son grade.

Nota. Les indemnités de logement et d'ameublement sont augmentés de moitié en sus pour les officiers et employés désignés au tableau ci-dessus, lorsqu'ils sont employés à Paris (*intra muros*), et qu'ils se trouvent dans une des positions donnant droit au supplément de solde.

INDEMNITÉ EN REMPLACEMENT D'EAU-DE-VIE.

Désignation des divisions militaires.	Fixation de l'ind. par jour.	observat.
1re Division militaire..	0 f. 02 c. 70	
2o id...........	0 05 50	
3o id...........	0 02 30	
4o id...........	0 03 10	
5o id...........	0 02 90	
6o id...........	0 03 50	
7o id...........	0 04 00	
8o id...........	0 02 80	
9o id...........	0 02 10	
10o id...........	0 03 10	
11o id...........	0 03 50	
12o id...........	0 02 80	
13o id...........	0 03 50	
14o id...........	0 03 80	
15o id...........	0 03 80	
16o id...........	0 04 40	
17o id...........	0 03 70	
18o id...........	0 03 10	
19o id...........	0 04 00	
20o id...........	0 03 50	
21o id...........	0 03 10	

Nota. La durée réglementaire de l'allocation de l'indemnité en remplacement d'eau de-vie est fixée ainsi qu'il suit :

Dans les 1ᵣₑ, 2ᵉ, 3ᵉ, 4ᵉ. 5ᵉ, 6ᵉ, 12ᵉ, 13ᵉ, 14ᵉ, 15ᵉ, 16ᵉ, 18ᵉ et 19ᵉ, du 21 juin au 31 août; dans les 7ᵉ, 8ᵉ, 9ᵉ, 10ᵉ, 11ᵉ, 17ᵉ, 20ᵉ et 21ᵉ divisions, du 1ᵉʳ au 30 septembre.

INDEMNITÉ EXTRAORDINAIRE EN RASSEMBLEMENT.

		f.	c.
	Officier supérieur......	60	00 p. mois.
État-maj.	Capitaine et chirurg.-maj.	40	00
et	Lieutenant, chirurgien		
corps	aide-maj., sous-lieuten.	30	00
de toutes	Vétéri- principal......	40	00
armes.	naire. en premier....	30	00
	aide-vétérinaire	24	00
	s.-aide vétérin.	18	00
	Adjudant-sous-officier.	0	15 p. jour.
	Sous-officier.........	0	08
	Brigadier et soldat....	0	05

6

INDEMNITÉ POUR PERTES

DE CHEVAUX ET D'EFFETS.

GRADES.	MONTANT de l'indemnité à allouer				
	aux militaires prisonniers de guerre.				Aux militaires non prisonniers de guerre pour chaque cheval tué par l'ennemi.
	Pour perte d'effets.		Pour pertes de chevaux.		
	fr.	c.	fr.	c.	fr. c.
Cavalerie de réserve. — Régiments de carabiniers et de cuirassiers. Colonel	900	00	900	00	
Lieutenant-colonel	800	00	900	00	
Chef d'escadron	700	00	450	00	450 00
Capitaine	500	00	450	00	
Lieut. et sous-lieut.	400	00	450	00	
Cavalerie de ligne et légère. — Régiments de dragons, lanciers, chasseurs et hussards. Colonel	900	00	800	00	
Lieutenant-colonel	800	00	800	00	
Chef d'escadron	700	00	400	00	400 00
Capitaine	500	00	400	00	
Lieut. et sous-lieut.	400	00	400	00	
Chirurgien-major	600	00	400	00	
Id. aide-major	400	00	400	00	
Id. sous-aide-major	300	00	400	00	400 00
Vétérinaire principal	400	00	400	00	
Id. en premier	»	»	300	00	

GRATIFICATION DE PREMIÈRE MISE D'É-QUIPEMENT AUX SOUS-OFFICIERS PROMUS OFFICIERS.

Carabiniers et cuirasssiers.....   1,050 f.»» c.

Dragons, lanciers, chasseurs, hussards, chasseurs d'Afrique et spahis indigènes............ } 950 »»

—

GRATIFICATION AUX SOUS-OFFICIERS ET BRIGADIERS INSTRUCTEURS.

Régiment de cavalerie............   200 f.»» c.

Gratification d'entrée en campagne.

GRADES.	Fixation de la gratificat. pour chaque grade.	Observations.
	fr.	Les offic. du corps royal d'ét -maj. (y compris les capitain. détac. dans les corps de troupe), les offic. d'ordonn., ont droit à la gratific. d'entr. en campagne sur le même pied que les offic. des corps de troupe à cheval.
Troupes à cheval. { Colonel....................	1,800	
Lieutenant-colonel..........	1,200	
Chef d'escadron et major....	1,000	
Capitaine..................	700	
Lieutenant et sous-lieutenant..	500	
Vétérinaire principal.......	600	
Id. en 1er..........	400	
Officiers de santé. { Chirurgien-major...........	900	
Id. aide-major.......	600	
Id. sous-aide-major ...	400	

VAGUEMESTRE D'ARMÉE.			Fixation journalière.	
			f. c.	
Régiments de cavalerie.	Corps réunis.	Pour un régiment à 6 escadr..	1 00 0	Il n'est fait aucune allocation supplément. pour les fractions d'escadron.
		Idem a 5 escadr..	0 75 0	
		Pour dépôt ou 1 escadron...	0 25 0	
	Corps divisés	Pour 1 ou 2 escadrons......	0 25 0	
		Pour 3 ou 4 escadrons......	0 50 0	
		Pour 5 ou 6 escadrons......	0 75 0	
École de cavalerie...............			1 00 0	

TARIF

de la

MASSE INDIVIDUELLE.

—

[CAVALERIE.]

DÉSIGNATION des Grades et des Armes.	Fixation de la première mise.	prime journalière. (a)	Complet de la masse. (b)	Suppl. de 1re mise à all. aux s.-offi.br. ou sold.adm. p. suite de m. dans un corp. de troupe(c). à pied.	Suppl. de 1re mise à all. aux s.-offi.br. ou sold.adm. p. suite de m. dans un corp. de troupe(c). à ch.	aux sous-officiers promus adjud. sous-officiers	Observations.
	fr. c.	f. c.	f. c.	f. c.	f. c.	f. c.	
Adjudants sous-offic. Cavalerie	»	0 50	α	»	»	»	
École de cavalerie	»	0 41	»	»	»	»	
Vétérinaires aides et sous-aides	255 00	0 20	»	»	»	»	
Mait. ouv. de tout corps org. en rég.	a)170 00	0 24	80 00	»	»	»	
Sous-offic. brigadiers et soldats. Carabiniers	70 00	0 14	55 00	10 00	»	130 00	
Cuirassiers	75 00	0 14	55 00	10 00	»	130 00	
Dragons	69 00	0 14	55 00	10 00	»	170 00	
Lanciers	73 00	0 14	55 00	10 00	»	140 00	
Chasseurs	72 00	0 14	55 00	10 00	»	140 00	
Hussards	66 00	0 14	55 00	10 00	»	180 00	
Spahis indigènes d'Afrique (d)	200 00	0 70	400 00	»	»	180 00	(1)
École de cavalerie	75 00	0 14	55 00	10 00	»	180 00	

(a) La prime individuelle des adjudants sous-officiers, des vétérinaires et des maîtres ouvriers est
affectée à l'entretien et au renouvellement, non-seu-
lement de l'équipement de ces militaires, mais encore
de leur habillement (excepté le casque, le manteau et
le grand équipement dans la cavalerie.)

Voir les notes à la page suivante.

Celle des adjudants sous-officiers est perçue par
eux en même temps que la solde ; celle des maîtres
ouvriers est versée à leur masse.

(b) Les adjudants sous-officiers et les vétérinaires
n'ont point de masse ; celle des maîtres ouvriers est

soumise à toutes les règles établies pour la masse des sous-officiers et soldats.

(*c*) Ce supplément n'est pas dû aux adjudants sous-officiers, aux vétérinaires, ni aux maîtres ouvriers qui passent d'un corps à un autre.

(*d*) Les sous-officiers, brigadiers et soldats nommés maîtres ouvriers n'ont droit à aucune première mise ni à aucun supplément de première mise, attendu qu'ils conservent ceux de leurs effets d'habillement dont ils peuvent faire usage dans leur nouvel emploi.

(1) 2ᵉ semestre 1842. p. 252 et 2ᵉ semestre 1842, p. 225.

Nota. Il est alloué pour les hommes passant des troupes à cheval dans un corps disciplinaire, une indemnité égale à la moitié de la première mise déterminée pour l'arme de l'infanterie; ces allocations ne se renouvellent pas lorsque les hommes passent d'un corps disciplinaire dans un autre.

OBSERVATIONS GÉNÉRALES.

Hommes de recrues avant leur arrivée au corps.

Les hommes de recrue, avant leur arrivée au corps, et quand ils voyagent en détachement, reçoivent, avec le pain, une solde spéciale, qui est uniformément fixée à 55 centimes par jour.

Enfants de troupe.

Lorsque les enfants de troupe reçoivent les vivres de campagne, il est fait sur leur solde journalière une retenue de 15 cent.

Conducteur de mulets de bâts et de cantines d'ambulance.

Les militaires chargés de conduire des mulets de bât et cantines d'ambulance en temps de guerre, jouissent du suplément de solde ci-après :

Conducteur et chef, 20 centimes par jour
Conducteur, 10 centimes.

Maîtres ouvriers.

Les maîtres ouvriers des corps de troupe, à l'exception des armuriers dont la solde est invariablement fixée par le tarif, reçoivent, s'ils sont liés au service, la solde de briga-dier, après six mois de service, et celle de maréchal des logis après un an.

Les maîtres ouvriers gagistes n'ont droit qu'à la solde déterminée par le tarif de cha-que arme.

Retenues pour journées d'hôpital.

		fr.	c.	
	Officiers supérieurs...	3	00	
	Capitaines...............	2	00	
	Lieutenants............	1	50	
	Sous-lieutenants......	1	25	Par jour.
Officiers de santé.	Chirurgien major.....	2	00	
	Chirurgiens aides ma-jors..................	1	50	
	Chirurgiens sous-aides.	1	25	
Vétérinaires	Le tiers de la solde de présence sur le pied de paix.			

Officiers en non-activit., en solde de congé et en solde de réforme, et réfugiés étrangers 1 f. 75 c.

Ou la totalité de la solde si elle est moindre.

Cette fixation n'est point applicable aux officiers en non-activité, en solde de congé et solde de réforme qui sont hospitalisés dans les colonies françaises. Ils subissent la retenue de la totalité de leur solde, à moins que cette solde n'excède le prix de la journée d'hôpital, cas dans lequel ils ont droit au rappel de de la différence.

Domestiques des officiers... 1 fr. 50 c.

PRESTATIONS

TABLEAU des allocations de vivres, de fourrages *et sur le pied*

EN NATURE.

et de chauffage à chaque grade, sur le pied de paix *de guerre.*

DÉSIGNATION DES GRADES.	NOMBRE DE RATIONS. Sur le pied de paix.			PAR JOUR ET PAR GRADE. Sur le pied de guerre.					OBSERVATIONS.
	Vivres.	Fourrages.	Chauffage.	Vivres.	chev. de selle.	chev. ou mul. de bât.	TOTAL.	Chauffage.	
Colonel	»	5	»	3	5	4	9	6	
Lieutenant-colonel	»	3	»	3	4	4	8	6	
Chef d'escadron et Major	»	2	»	2	3	1	4	4	
Trésorier et officiers d'habil.	»	»	»	»	»	»	»	»	
Adjoints aux trésoriers	»	»	»	»	»	»	»	»	Selon leur grade
Officiers payeurs	»	1	»	2	2	1	3	4	effectif.
Adjudants majors	»	2	»	2	3	»	3	4	
Lieutenant d'état-major	»	1	»	2	2	»	2	4	
Capitaines	»	2	»	2	3	»	3	4	
Lieutenants et sous-lieuten.	»	1	»	2	2	«	2	4	
S.-of., fourr., brig., tromp., maitres-ouvriers	1	»	2	1	»	»	»	2	
Brig., cav. et enf. de tronpe.	1	»	1	1	»	»	»	1	
Vétérinaire en 1er	»	»	»	2	7	»	»	4	
Aides et s.-aides vétérin.	»	»	»	1	»	»	»	2	
Chirurgiens majors	»	1	»	2	1	2	3	4	
Chirurgiens aides-majors	»	1	»	2	1	»	1	4	

— 96 —

Les rations de fourrages portées au présent tarif ne sont dues qu'autant que les officiers ont le nombre de chevaux qui leur est attribué. Si ce nombre est inférieur, les rations ne doivent être allouées qu'en raison de l'effectif.

Des tarifs spéciaux déterminent, lorsqu'il y a lieu, les diverses prestations en nature à

TABLEAU de la composition et du poids militaires

VIVRES.

VIVRES-PAIN.	Hectogram.	Décagramme	VIVRES de campagne.
Pain ordinaire......			Riz ....
Pain { biscuité ... demi-bisc.. quart bisc.. }	7	5	Légumes secs... / Sel .... / Viande fraîche ..
Biscuit...........	5	5	Bœuf salé ...... / Lard salé ......

— 97 —

allouer aux corps d'occupation.

Les rations de chauffage sur le pied de guerre ne sont dues que lorsque l'allocation en a été autorisée par une décision spéciale.

Lorsque les enfants de troupe reçoivent les vivres de campagne, il est fait sur leur solde journalière une retenue de 15 centimes.

des rations de toute nature à délivrer aux de troupes.

Kilog.	Hectogr.	Décagramme	VIVRES.	Litres.
»	»	3	Vin	1/4
»	»	6	Bierre	1/2
1/60	»	»	Cidre	1/2
»	2	5	Eau-de-vie	1/16
»	2	5	Vinaigre.........	1/20

DÉSIGNATION des grades.	Sur le pied de paix et de rassemblement.			Sur le pied de guerre			En route. (1)		
	Foin.	Paille.	Avoine.	Foin.	Paille.	Avoine.	Foin.	Paille.	Avoine.
	k.	k.	k. d.	k.	k.	k. d.	k.	k.	k. d.
Carabin., cuirassiers.	5	5	3 60	7	4	3 80	6	3	3 80
Dragons, lanciers ...	4	5	3 40	6	4	3 80	5	3	3 80
Chasseurs, hussards..	4	3	3 00	5	4	3 80	5	3	3 80
Mulets, quelle que soit l'arme à laquelle ils sont attachés	4	5	3 00	5	4	3 80	5	3	3 80
Ch. de bât ou de pelot. à la suite des troupes.	3	4	3 60	7	4	3 80	6	3	3 80

(1) Le ministre de la guerre vient de décider qu'à dater du 1er novembre 1845, la ration de fourrages en route sera composé ainsi qu'il suit, savoir :

Cavalerie.
- de réserve.. { 5 kilog. 50 de foin. — 4 — 80 d'avoine.
- de ligne et légère. { 4 — 50 de foin. — 4 — 80 d'avoine.

Cependant dans les cas rares où les habitants ne ourniraient pas de litière, les troupes sont autorisées à convertir 1 kil. d'avoine en 4 kil. de paille.

Des substitutions.

Lorsqu'il y a lieu de substituer une denrée à une autre ou de livrer, en remplacement de foin, une quantité double de paille, e vice versâ, l'avoine est remplacée: 1° pa une quantité double de foin et quadrupl de paille, et vice versâ; 2• par du son poids égal ou par de la farine brute d'orge à raison de 75 p. 0|0 du poids de l'avoine.

Fourniture du vert.

La ration des chevaux admis au régim du vert est fixée ainsi qu'il suit :

Caval.	Vert.	Paille.
de réserve.	50 kilog.	2 kilog. 1/2.
de ligne...	45 —	2 — 1/2.
légère.....	40 —	2 — 1/2.

*Décision ministérielle du 10 septemb. 184

Supplément de fourrages dans Paris.

Les chevaux des régiments de cavalerie de ligne et légère en garnison à Paris reçoivent, pendant leur séjour dans cette place, un supplément d'avoine fixé à 2 décagrammes par jour.

Supplément d'avoine pour les marches militaires (1).

Le supplément d'avoine est égal à la différence de la ration de station à celle de route.

------

(1) Le supplément d'avoine n'est accordé qu'aux chevaux qui prennent part aux marches militaires prescrites par l'ordonnance, tant pendant la durée du second mois de ces marches, que pour les jours des marches exécutées.

Le supplément n'est accordé qu'aux portions de corps qui fournissent au moins un escadron constitué.

Il ne peut être attribué ou définitivement consenti qu'aux corps qui ont exécuté les marches militaires sur la prévision desquels est uniquement fondée cette allocation.

Les marches prescrites par l'ordonnance précitée ne donnent droit au supplément d'avoine, qu'autant que le régiment a à faire, pour se rendre d'un lieu dans un autre, une marche de six jours au moins, et seulement quand elles ont été réellement effectuées (Solution ministérielle du 7 mars 1835.)

Nourriture des chevaux avant leur arrivée au corps et pendant les routes faites par le régiment.

La nourriture des chevaux de remonte, péndant leur route du dépôt de remonte au corps, est réglée de gré à gré, par les soins des commandants de détachement qui reçoivent à cet effet par chaque cheval et par jour,

SAVOIR :

Pour la cavalerie de ligne et la cavalerie légère, 1 fr. 80 c.

Pour la cavalerie de réserve, 2 fr.

Ainsi que les chevaux de provenance anglaise pour toutes les armes indistinctement.

Cette somme est destinée aussi à pourvoir aux frais d'attache, de médicaments, à la ferrure et à l'entretien du harnachement.

Ce tarif est une limite qui ne doit pas être dépassée et qu'on doit même éviter d'atteindre.

Il est applicable au détachement de jeunes chevaux qui ne sont pas encore dans les rangs et qui lors des changements de garnison, voyagent conformément à la règle tracée par la décision ministérielle du 14 août 1839.

TARIF DES ALLOCATIONS
pour la cuisson des aliments et pour les chambres.

DÉSIGNATION des combustibles.	Taux de la rat.		Fagots d'allumage pour le charbon de terre.	Observat.
	Bois.	Ch. de terre.		
1° Cuisson des aliments.	k. d.	k. d.		
Ration de sous-officiers et des part. pren. traitées au même titre d. les corps qui font us. de fourn. écon., par homme et par jour...	1 60	0 80	1 par vingt rations.	
Ration coll. de l'ordin. aux troupes faisant usage de fourneaux économiques. { 1° Fourn. anc. m. à une marm. par four. et par jour.	25 00	14 00		
2° Fourn. anc. m. à 2 marm. *id*.	42 00	24 00	2 par ration.	
3° Four. Choumara	40 00	22 00	....	(1
à doub. mar. *id*.	45 00	25 00	....	(2

DÉSIGNATION	Bois.	Ch. de terre.	Fagots d'allumage	Observat.
Ration individ. d'ordin. aux troupes cas. ne faisant pas usage de fourneaux économiques....	0 80	0 40		
Ration individ. aux troupes en station logées chez l'habitant..	1 00	0 50	1 par vingt rations.	(3
Ration *id*. aux troupes campées ou baraquées..........	1 20	0 60		
2° Chauffage d'hiver (dit rat. de chambre).				
Ration collec. de chauff. des chambres { Région chaude..	20 00	12 00	3 par rat. excepté p. les écol. régim. qui n'ont dr. qu'à un par poêle à chauf.	
— tempérée	25 00	15 00		
— froide...	30 00	18 00		
Ration indiv. aux troupes casernées. { — chaude..	0 50	0 25		
— tempérée	0 70	0 35		
— froide...	0 80	0 40	1 par vingt rations.	(3
Ration aux troupes camp ou baraquées { — chaude..	1 00	0 50		
— tempérée	1 20	0 60		
— froide..				

(1) Pour les marm. de 75 litr. (2) Pour les marm. au-dessus de 75 litr.
(3) Une ration par homme et par jour avec double ration pour les sous-officiers et les parties prenantes traitées comme eux.

ALLOCATION DES

Désignation des marmites.	Nomb. de Marm.
Peloton hors-rang.............	1
Escadron de cavalerie...........	2
Dépôts formés d'homme apparte-nant à différents corps ou à plusieurs escadrons	»

Nombre de rations collectives de chauffage des

	Nomb. de ration.
Escadron de cavalerie	2
Petit état-major, infirm. et ateliers	5
Peloton hors-rang.............	1/2
Chambre séparée destinée aux en-fants de troupe	1/3

MARMITES.

OBSERVATIONS.

Il n'y a d'ordinaire séparé, que lorsque le peloton hors-rang ne peut être réuni en entier à l'ordinaire d'un escadron.

Le nombre de marmites est déterminé par l'intendant militaire.

chambres, alloués à chaque corps.

Les besoins des escadrons et pelotons variant selon le nombre et la dimension des chambres occupées, la masse des distributions appartient au corps entier ou détachement. Les chefs de corps ou commandant de détachement en règlent la répartition d'après les besoins résultant de l'assiette du casernement de chaque escadron ou peloton

CHAUFFAGE DES ÉCOLES.

	Nombre de rations.
Ecole du 1er degré	1
Ecole du 2e degré...............	1/3 *

* Cette allocation n'est due que lorsqu'il y a une salle distincte pour l'école du 2e degré, c'est-à-dire pour les cours élémentaires des sous-officiers; mais lorsque ces cours se font dans le même local que l'école du 1er degré, l'allocation se réduit à la ration accordée pour cette dernière.

BASES DE LA RÉPARTITION

des trois rations de chambres allouées au petit état-major, etc., soit 9 feux.

Adjudant sous-officier	3
Trompette-major et musiciens	1
Ateliers............................	4
Infirmerie	1

9

DURÉE DU CHAUFFAGE DES CHAMBRES.

Divisions milit.	DÉPARTEMENTS OÙ LE CHAUFFAGE DURE			OBSERVATIONS.
	3 MOIS. (Du 1er déc. au dernier jour de fév. inclus.)	4 MOIS. (Du 16 novem. au 15 mars inclus.)	5 MOIS. (Du 1er nov. au 31 mars inclus.)	
	Région chaude	Rég. tempér.	Région froide.	
1	....	Ceux de la div, l'Aisne excep	Aisne.	
2	....	....	Ceux de la div.	NOTA. Bien que le dép. de la Seine (1re div.) se trouve dans la région tempérée, le chauffage des chambres des troupes formant la garnison de Paris (*intra murcs*) en raison du
3	....	....	Idem.	
4	....	Ceux de la div.		
5	....	....	Idem.	
6	....	....	Idem.	
7	....	Rhône, Drôme, Loire......	Ain, Isère, H.-Alpes.	
8	B.-du-Rhône,	Var........	Basses-Alpes.	service de cette place est perçu aux taux fixés pour la région froide, mais sans modification de la durée déterminée pour la région tempérée.
9	Hérault, Gard, Ardèche...	....	Lozère, Avey.	
10	....	Ceux de la div.	....	
11	....	Idem, la Ch.-Inf. excepté	Char.-Infér.	
12	....	Maine-et-Loire Deux-Sèv..	Loire Infér., Vendée.	
13	....	....	Ceux de la div.	
14	....	Eure, Orne,...	S.-Inf., Calvados, Manche.	
15	....	Ceux de la div.	....	
16	....	....	Ceux de la div.	
17	Quelq. places seul. de la d. (Corse.).....	....	....	
18	....	Ceux de la div.	....	
19	....	Allier........	Ceux de la d., excep. l'All..	
20	....	Ceux de la div.	....	
21	Aude........	Pyr-Or., Arriè	Pl. de Mont L.	

RENSEIGNEMENT SUR LA QUALITÉ DES DENRÉES.

VIVRES-PAIN.

Du pain.

La qualtité du pain se juge par la couleur, par l'odeur et plus encore par le goût. Pour être bon, il ne doit pas être brûlé ; il doit être bien cuit et d'une couleur dorée également. La croûte ne doit point se détacher de la mie. A l'ouverture d'un bon pain, on sent une odeur douce et balzamique : on voit la mie semée de petits yeux innombrables et serrés ; à la dégustation, une saveur agréable comme un goût de noisette, reste dans la bouche.

Un pain bien fabriqué doit être de forme ronde, bombé dans le milieu, et il présente au plus quatre de ces entamures que l'on nomme *baisures*. Il contient deux rations ; ses dimensions sont ordinairement d'environ vingt-cinq centimètres de diamètre sur huit centimètres d'épaisseur au centre.

Le pain biscuité totalement, ou à demi,

ou au quart, est ordinairement un peu moins levé que le pain de munition ordinaire.

Il est de règle rigoureuse que le pain ne doit être distribué que rassis de vingt-quatre heures.

Biscuit.

Le biscuit doit avoir à l'extérieur une couleur fauve pâle et offrir dans l'intérieur une pâte fine et serrée, d'un blanc doré : Il doit être sonore et se casser difficilement.

Sa surface ne doit point avoir de souflures, et il est parsemé de trous faits avec un instrument qu'on nomme piquoir, qui facilitent sa dessiccation complète.

Sa cassure doit présenter des faces lisses, vitreuses et non déchirées.

VIVRES DE CAMPAGNE.

Du riz.

Les meilleurs riz, de quelque origine qu'ils soient, sont ceux dont tous les grains sont entiers, d'une forme et d'un volume à peu près pareils, qui sont les plus blanc, les plus durs et les mieux dégagés de leurs balles.

Les riz doivent être de la qualité dite dans le commerce bon-courant, entièrement nets, dégagés de toute matière hétérogène et de poussière.

Des légumes secs.

Les légumes secs doivent être choisis dans les bonnes secondes qualités du pays de leur crû, être nets, sans mélange de grains ou semences étrangères à leur espèce.

Les meilleures qualités sont les plus pesantes, et celles dont les graines sont les plus égales en grosseur, luisantes et coulant dans la main.

Du sel.

Le sel doit être suffisamment net et purgé de matières hétérogènes, pour ne pas colorer sensiblement ou troubler l'eau dans laquelle on le fait dissoudre à chaud, et pour ne pas y laisser un dépôt terreux ou sablonneux.

De la viande.

Les belles viandes ont une couleur vive qui dénote leur fraîcheur; les meilleures sont celle qui proviennent d'animaux abattus dans l'âge adulte et qui n'ont pas été excédés de fatigue. Les animaux trop jeunes donnent une viande pâle et mucilagineuse;

celle des animaux trop vieux est d'une couleur foncée ; les chairs sont longues et fibreuses ; ces deux espèces de viande sont en général peu substantielles. Celle des animaux malades est livide et d'une teinte pâle inégale. La corruption des viandes s'annonce, indépendamment de la sensation qu'elle produit sur l'odorat, par des taches marbrées de diverses nuances.

Des salaisons.

Les salaisons bien préparées sont celles dont les viandes ont le mieux conservé leurs formes et leurs couleurs, qui sont d'une cuisson facile, qui perdent aisément leur surabondance de sel et n'ont aucun goût d'âcreté.

LIQUIDES.

Du vin.

Il faut que les vins soient naturels, d'un goût agréable, et qu'ils aient du corps.

Du vinaigre.

Le vinaigre doit être de vin et naturel, il faut qu'il soit bien clarifié ; son acidité ne doit avoir rien d'âcre ni de brûlant,

et il a un parfum spiritueux qui se déve-
loppe quand on s'en frotte les mains. Il
ne doit avoir aucun goût de fumée.

Eau-de-vie.

L'eau-de-vie doit être le produit de la dis-
tillation du vin ou du marc de raisin. Elle
doit être transparente, droite au goût, et d'un
parfum agréable. Quand on en frotte quelques gouttes entre les mains, l'évaporation
s'opère promptement et complétement, en
laissant un parfum aromatique.

FOURRAGES.

Des foins.

Le foin varie dans sa qualité et dans son
espèce, suivant le lieu où il croît, mais
le bon foin porte avec lui des caractères
physiques auxquels il n'est guère possible
de se méprendre. Couleur légèrement verte,
ou au moins tirant sur celle de la feuille
qui meurt; tiges minces, déliées, souples,
difficiles à casser, garnies autant que possible
de leurs feuilles et de leurs fleurs; odeur
agréable et légèrement aromatique; saveur
douce et plus ou moins sucrée, mais ne lais-

sant, dans aucun cas, une impression aigre
et acerbe.

On fait deux distinctions des mauvais
fourrages, 1° ceux qui sont composés essen-
tiellement de plantes qui ne jouissent pas
de propriétés nutritives, et qui ne peuvent
produire que l'épuisement de l'animal qui
s'en nourrit ; 2° ceux qui contiennent de
bonnes plantes , mais qui sont mélangés
d'une certaine quantité de végétaux âcres et
vénéneux qui introduits dans l'estomac ,
troublent ses fonctions et causent des indi-
gestions quelquefois mortelles.

Le foin de mauvaise qualité de la première sorte se reconnaît à ses tiges grossières, dures, coriaces et ligneuses ; il a
souvent une teinte d'un vert foncé, et surtout il n'a point d'odeur, sa saveur est fade
et aqueuse ; conservé sur la langue et soumis à la mastication, il ne laisse aucune
impression sucrée ni douce.

Le foin de mauvaise qualité de la seconde
sorte, c'est-à-dire celui qui contient des
plantes vireuses et nuisibles, telles que les
renoncules, les ciguës, etc., se distingue à
son odeur, souvent nauséabonde, et surtout à sa saveur âcre et brûlante.

En général le foin de mauvaise qualité,
eu égard à la nature des plantes, est celui

qu'on obtient des prairies basses, humides marécageuses, où domine la famille des joncs, des roseaux, des laiches, plantes dures, grossières, qui ne font que surcharger inutilement les organes digestifs, et causer des maladies aux chevaux. Ce mauvais fourrage ne borne pas là ses funestes effets, car lorsqu'aux plantes qui viennent d'être nommées se joignent celles des familles des renonculacées, des ciguës, qui portent toutes, plus ou moins, des qualités vénéneuses, et qui croissent abondamment dans les terres basses et marécageuses, ce n'est plus un mauvais aliment, mais un poison qui est offert aux chevaux.

Il ne suffit point, pour que le foin soit une nourriture bonne et saine, qu'il soit dégagé des mauvaises plantes qui altèrent sa qualité et en font un aliment nuisible à la santé et à la conservation des chevaux ; les foins, même les meilleurs, sont sujets à plusieurs modes d'altération; on sait que la coupe, la fanaison et l'engrangement des foins influent beaucoup sur leur bonne ou mauvaise qualité. Tels sont ceux qu'une forte dessiccation, une exposition trop longue au soleil, une coupe tardive, un emmagasinement pendant plusieurs années (*passé dix-huit mois, ou tout au plus deux ans*

*le foin n'est plus qu'une mauvaise nourri-
ture*) ont rendus secs, cassants et dépouillés
de toute substance nutritive ; ceux que les
pluies ou des temps humides, pendant la
récolte ou une dessiccation complète, l'engrangement dans un lieu humide, l'exposition
aux injures du temps, ont rendus échauffés,
poudreux et noircis (*on les reconnaît à leur
odeur forte et nauséabonde, à leur saveur
désagréable, à leur couleur d'une teinte
noire*) ; ceux que les débordements de riviè-
res ont enveloppés d'une couche de matière
terreuse de la couleur de la vase (*alors le
foin est sec, cassant, décoloré, incrusté de
terre*), les foins rouillés ; c'est une maladie
qui attaque les tiges des graminées, on l'appelle en agriculture charbon, carie, ou
nielle.

Tous les foins qui portent avec eux les
différents caractères qu'on vient d'indiquer,
fussent-ils d'ailleurs, quant à la nature des
plantes, d'une bonne qualité, doivent être
rejetés comme avariés et nuisibles à la santé
des chevaux.

La luzerne et le sainfoin peuvent sans in-
convénient remplacer le foin ; mais il faut,
autant que possible, que ces différentes espèces soient mélangées ; elles constituent
alors une bonne nourriture ; à l'égard du trè-

lle, il ne peut, dans aucun cas, être donné seul ; quand on est forcé de l'employer, on doit toujours le mélanger avec d'autres fourrages, dans lesquels il ne doit entrer que pour un quart ou un tiers au plus.

De la paille.

La paille à fournir aux chevaux doit être de froment. On reconnait la bonne paille aux caractères suivants : les tuyaux sont minces et flexibles ; ils conservent leurs feuilles, leur couleur est d'un blanc mat ou d'un jaune doré ; ils sont luisants ; les épis sont garnis de leur balles ou calices. Si la paille est fraîchement battue, son odeur est agréable, sa saveur doucee et sucré. Quelques plantes graminées ou légumineuses se trouvent interposées à la base des tuyaux ; on y trouve aussi le liseron et quelques autres bonnes herbes ; on lui donne dans ce cas le nom de paille fourrageuse, et c'est celle qu'on doit préférer pour la nourriture des chevaux.

Il est assez rare que des herbes nuisibles croissent parmi la paille ; néanmoins il serait possible d'en rencontrer dans certains cantons ; telle est l'hièble, qui croît dans les terres humides ; l'ivraie, qui abonde dans les années pluvieuses. Ces plantes, surtout lorsqu'elles sont garnies de leurs graines, peuvent être très-nuisibles à la santé des chevaux, et l'on doit sévèrement les proscrire.

Une partie des détails fournis à l'article des foins de mauvaise qualité trouve ici leur application ; nous ne les reproduirons pas, pour éviter des répétitions inutiles.

Les vieilles pailles sont noires et ont contracté une odeur plus ou moins désagréable ; elles doivent être rejetées des magasins militaires comme mauvaise nourriture. Les pailles anciennement battues sont la proie des souris et des rats, qui dévorent les parties nutritives et imprégnent celles qu'ils ont dédaignées de leurs émanation dégoûtantes. La paille qui est dans cet état ne peut être que très-nuisible aux chevaux, et doit être rigoureusement proscrite.

De l'avoine.

Il y a de l'avoine de plusieurs espèces ; quelle qu'en soit la variété, il faut, pour qu'elle jouisse de la propriété d'un bon aliment, qu'elle soit pesante, qu'elle coule et s'échappe facilement des doigts ; que son écorce soit brillante et lustrée, qu'elle soit sans odeur bien sensible ; que son amande soit serrée, blanche, et laisse, en l'écrasant dans la bouche, une saveur agréable et farineuse ; qu'elle soit débarrassée de ses balles ou calices ; qu'elle ne soit pas mélangée de mauvaises graines, surtout celle de la fausse moutarde ou sauve, ou de corps étrangers, terre, platras, cailloux, etc., etc.

Doit être rejetée des magasins militaires l'avoine qui serait altérée par un trop fort mélange de graines, telles que celles de sauve, du coquelicot, de la jacée, du bluet.

Ce mélange, qu'on ne peut pas toujours éviter, et qui tient à la nature du terrain qui a produit l'avoine, s'il excède un dixième, rend l'avoine non-recevable ; doit également être rejetée celle dans laquelle on aurait introduit des corps étrangers, poussière, platras, terre, etc. Celle qui sera altérée par différentes causes, telles que les pluies, l'humidité, l'arrosement dont on use pour la faire enfler. Cette mauvaise avoine offre les signes suivants : elle est chargée de corps étrangers, son écorce est molle, boursoufflée ou ridée, d'une couleur éteinte ; elle est légère à la main quoiqu'elle soit volumineuse ; elle est spongieuse au lieu d'être coulante ; son grain cassé offre une farine noirâtre ; son odeur est forte et désagréable ; elle laisse dans la bouche une impression poudreuse et piquante ; l'usage ne peut qu'en être nuisible aux chevaux.

L'orge, la vesce, la bisaille, les féverolles, les fèves, le maïs, l'épautre, les pois, le seigle peuvent être mélangés avec l'avoine. Toutes ces espèces légumineuses ou graminées forment un aliment aussi sain que profitable au cheval, moyennant une portion modérée, qui n'excède jamais de moitié la quantité d'avoine dans la composition de la ration.

L'avoine peut aussi souffrir le mélange du funugrec, du sarrasin, du chenevis, du froment ; mais comme ces semences sont très-échauffantes, elles ne peuvent y entrer que dans une proportion très-faible et qui n'excède jamais le sixième de la ration.

Du son.

Le son à donner aux chevaux doit provenir de la mouture du froment, il doit être frais et récent, farineux, inodore et d'une saveur douce.

Le son subit des altérations au bout de trois ou quatre mois au plus de conservation, quelque soin qu'on prenne de le mettre dans un magasin sec et aéré. Le son est réchauffé ou aigre toutes les fois qu'il est exposé à l'action de la fermentation, ce qui ne manque jamais d'arriver après le terme de conservation indiqué ci-dessus, et même avant, l'orsqu'il est placé, soit à l'humidité, soit à la chaleur, et surtout s'il est amoncelé en gros tas. Dans l'état de fermentation, il offre une saveur aigre, et les animaux le refusent, à cette fermentation succède bientôt la putridité ; alors il se boursouffle, se prend en grosses masses, exhale une odeur de pourri et devient la proie des insectes.

Aliments verts.

Les aliments verts comprennent les mêmes plantes en parties qui se mangent en fourrages secs, mais avant leur dessiccation : la meilleure de toutes est l'orge carrée ou escourgeon, nommée encore sucrillon. La luzerne, le trèfle et le sainfoin sont aussi d'un très-bon usage, mais il faut toujours les couper quelques heures avant la consommation. Plusieurs racines, telles que carrottes, pannais, betteraves, offrent aussi des ressources en vert.

Le ministre de la guerre détermine chaque année l'époque où les chevaux de cavalerie doivent être mis au vert.

CHAUFFAGE.

Bois.

Le bois sera de chêne, charme, hêtre ou autres essences dures, sèches, et de qualité bonne, loyale et marchande.

Les bois résineux, qui d'après les usages locaux sont réputés bois d'essences, seront admis comme tels.

Le bois blanc, dans les localités où il est en usage pour le chauffage des particuliers, pourra être admis dans les fournitures, mais pour moitié seulement ; il ne pourra y entrer dans une proportion plus forte, que sur l'autorisation formelle des intendants militaires, et après qu'il aura été constaté qu'il est impossible de se procurer des bois d'essences dures.

Sauf le cas de la distribution au poids, la fourniture du bois blanc entraînera toujours, à la charge de l'entrepreneur, un supplément d'un quart en sus de la quantité d'essence qu'elle remplacera, de manière que 5|4 de stère de bois blanc ne seront comptés que pour un stère.

Les bûches, qu'elles soient ou non refendues, n'auront pas moins d'un décimètre soixante-deux milimètres de circonférence mesurés au milieu.

Elles devront, autant que possible, avoir un mètre de longueur; dans le cas contraire, la quantité à fournir sera ramenée par le calcul à l'équivalent du stère ou du double stère.

Dans le cas de la distribution au poids, la grosseur des bûches ou blocs de bois ne pourra excéder deux décimètres quarante-trois millimètres de circonférence mesurée également au milieu.

Charbon de terre.

Le charbon de terre sera distribué au poids; il sera de bonne qualité et tel qu'il aura été tiré des fosses.

La fourniture en sera faite, selon la nature du combustible, dans les diverses localités, ou deux cinquièmes en morceaux ou charbon gailliteux, et trois-cinquièmes en menue poussière, ou en boulettes façonnées au poids d'un kilogramme chacune, contenant huit-neuvièmes de charbon de terre, sur un neuvième de terre grasse.

Le fagot d'allumage, dont la fourniture est inhérente à celle du charbon de terre, aura quatre décimètres de longueur, sur deux décimètres et demi de circonférence.

DISTRIBUTIONS.

Aucune denrée reçue en distribution par la troupe, et sortie des magasins, ne peut y être rapportée pour être échangée, et aucune plainte n'est admise, tant sous le rapport de la qualité que sous celui de la pesée et du mesurage des denrées, après leur sortie du magasin.

Les troupes, cantonnées dans un rayon de quatre kilomètres, sont tenues d'aller prendre elles-mêmes leurs distributions; au-delà de cette distance, ou si le ministre juge convenable de faire exception à la règle qui précède, les denrées sont transportées par les soins de l'administration et aux frais de l'état. Dans ce dernier cas, les denrées doivent être reconnues et reçues par la troupe avant leur sortie du magasin. (*Cahier des charges et marchés.*)

Nota. *Extrait du nouveau cahier des charges pour la fourniture des fourrages à l'entreprise, qui recevra son exécution à dater du 1er novembre 1845.*

« Art. 4. Les denrées à fournir, tant pour
« le service courant que pour l'approvision-
« nement de réserves, devront toujours être

« de bonne qualité et propres à procurer aux
« chevaux une bonne et seine alimentation.

« Cependant, en ce qui concerne le foin,
« le sainfoin, la luzerne et la paille, si les
« accidents atmosphériques survenus *pen-*
« *dant les récoltes* venaient plus ou moins
« altérer ces denrées, il ne pourra être
« exigé de l'entrepreneur rien de plus que
« la *meilleure qualité* des produits récoltés,
« en général, dans un rayon de 50 kilomètres
« (12 lieues 1|2) de la place où il exécute le
« marché.

« Quant à l'avoine, quels qu'aient été les
« résultats des récoltes locales, elle devra
« toujours être d'une bonne qualité relative-
« ment aux produits obtenus pendant cette
« même année sur le *territoire français.* »

Ainsi les entreprises ne peuvent se préva-
loir que des accidents atmosphériques survenus pendant les recoltes, et dans ce cas,
il faut qu'ils fournissent la meilleur qualité du foin, sainfoin, luzerne ou paille ré-
coltée dans un rayon de 50 kilomèyres. Quant
à l'avoine, c'est sur les récoltes de tout le
territoire du royaume que doit être appré-
ciée la qualité de cette denrée.

HABILLEMENT, ÉQUIPEMENT, ARMEMENT ET HARNACHEMENT.

Habillement.

Les effets qui font partie de l'habillement dans la cavalerie sont désignés comme il suit :

Habit (*durée pour sous-officiers, 18 mois, pour soldat, 3 ans*) dans les carabiniers, cuirassiers, dragons, chasseurs ;

Habit, dit kurtka (*idem*), dans les lanciers ;

Pelisse et dolman (*durée pour sous-officiers, 2 ans, et pour soldat, 4 ans*) dans les hussards ;

Veste d'écurie (*durée 18 mois*) ;

Pantalon d'ordonnance (*durée 18 mois*) ;

idem de cheval (*durée 18 mois*) ;

Bonnet de police (*durée 3 ans*) ;

Calotte de drap (*durée 3 ans*) ;

Manteau (*durée 9 ans*) ;

Porte-manteau (*durée 8 ans*) ;

} dans toutes les armes ;

Ceinture (*durée 6 ans*) dans les lanciers et hussards ;

Casque (*durée 10 ans*) dans les carabiniers, cuirassiers et dragons ;

Czapska (*durée 8 ans*) dans les lanciers ;

Colback (*durée 8 ans*) dans les chasseurs et hussards ;

Matelassure de cuirasse (*durée 4 ans*) dans les carabiniers et cuirassiers

Les autres objets ou accessoires à l'habillement, qui font partie de l'uniforme, sont compris dans les nomenclatures des effets de linge et chaussure à la charge de la masse individuelle.

Les aides et sous-aides vétérinaires et maîtres ouvriers des corps reçoivent, pour leur habillement, une première mise en entrant au service, et une prime journalière pour leur entretien.

Les adjudants sous-officiers reçoivent une portion de leur habillement au moyen d'une prestation en argent et d'un abonnement annuel.

L'habillement des enfants de troupe est payé par la masse générale d'entretien.

Le drap des shakos et czapskas est remplacés tous les 4 ans.

Les habits, dolmans, pelisses, bonnets de police et les pantalons de drap des sous-officiers, fourriers, brigadiers-trompettes sont confectionnés en drap demi-fin.

Les pantalons et blouses de cuisine, dont la durée est d'un an, sont fournies au compte de la masse d'entretien.

Équipement.

Les effets de grand équipement sont, savoir :

Le ceinturon (*durée 20 ans*);
La dragonne ou cordon de sabre (*durée 8 ans*);
La giberne et le porte-giberne (*durée 20 ans*);
Le porte-mousqueton et la lanière de baguette (*durée 20 ans*); -
La bretelle de fusil (*durée 12 ans*);
La courroie de lance (*durée 20 ans*);
La flamme de lance (*durée 2 ans*);
La sabredache (*durée 8 ans*);
Le couvre-platine (*durée 8 ans*);
La trompette (*duree 20 ans*);
Le cordon de trompette (*durée 4 ans*);
Besace de campagne (*durée 10 ans*);

Les flammes de lances et les cordons de trompettess sont remplacés à l'expiration de de leur durée, ils comptent en service du 1er jour du trimestre dans lequel ils ont été distribués.

Les autres effets comptent en service du premier jour de l'année pendant laquelle ils ont été distribués.

Armement.

L'armement comprend, savoir :

Le fusil   (*durée 50 ans*).
Le mousqueton,   —
Le pistolet,   —
Le sabre,   —
La lance,   —
La cuirasse,   —
La hache de campement, —
Le tire-balle, le nécessaire d'armes, le monte-ressort , la clef de cheminée.

Les armes sont toutes fournies par les magasins d'artillerie.

Les munitions nécessaires pour les exercices sont l'objet de demandes adressées par les corps aux directeurs d'artillerie, du 1er avril au 1er octobre de chaque année.

Harnachement.

Les effets faisant partie du harnachement sont, savoir :

Selle complète (*elle comprend la selle proprement dite avec tous ses accessoirs, la bride, bride avec filet et le surfaix de schabraque, durée 20 ans*).

Licol et bridon (*durée 20 ans*).

Schabraque }
Couverture } durée de 8 ans.
Surfaix d'écurie.

Les effets de harnachement comme ceux de grand équipement sont remplacés, quel que soit l'époque de leur mise en service ou de leur durée, lorsque le ministre de la guerre à approuvé leur réforme, sur le rapport des inspecteurs généraux et des intendants militaires, et seulement lorsqu'il à ordonné leur remplacement.

Nomenclature des effets de pansage, et de linge et chaussure au compte de la masse individuelle, indiquant le maximum des prix fixés par le Ministre de la guerre pour l'achat de chacun d'eux.

Pantalons de treillis......		4 05	Cols.....................	1 «
Caleçon....................		1 75	Souliers.................	5 30
Bretelles { de pantalon...		» 60	Calotte de coton.........	» 30
{ de sabre......		» 60	Besace...................	1 07
Épaulettes.............		2 85	Cache-éperons...........	» 40
Plumet . { en plumes.....		1 78	Sac à avoine............	2 51
{ en crins.......		2 »	Musette.................	» 50
Étui de plumet..........		» 15	Ciseaux................	» 82
Olive ou { pour cuirassiers et dragons...		» 30	Éponge................	1 »
			Peigne à cheval........	» 20
pompon { pour lanc., chasseurs et huss..		» 55	Brosse à cheval........	1 19
			Étrille................	» 80
Gants (*paire*)............		1 60	Corde à fourrage........	1 »
Bottes....................		16 «	Courroie de manteau.....	» 45
Bottines.................		12 »	Brosse douce pour l'armement.	» 12
Chemises.................		4 10		

EFFETS DE PETITE MONTURE.

	f. c.		f. c.
Boutons de sous-pied.....	» 07	Paire de ciseaux	» 80
Tampon de fusil.........	» 25	Dé à coudre...............	» 10
Épinglette...............	» 10	Aiguilles.................	» 05
Trousse,.................	» 50	Deux mouchoirs de poche.	» 25
Brosse à éclaircir........	» 25	Brosse double pour bottes.	» 25
Patience	» 05	Brosse à habit............	» 40
Peigne à décrasser.......	» 25	Martinet	» 40
Alène emmanchée	» 20	Boîte à cirage...........	» 20
Écheveau de fil noir.....	» 10	Brosse à cheveux........	» 35
Id. de fil blanc....	» 10	Livret	» 25

Nota. Les extraits de théorie et de règlement pour l'instruction des sous-officiers et brigadiers, donnés aux frais du corps, seront remplacés au compte de l'homme qui les aura perdus ou détruits, suivant la marche adoptée pour le syllabaire Roland. (Déc. min. du 14 juin 1845.)

		Habits.	Veste.	Bonnet de police.	Pant. d'ordonnance.	Pant. de cheval.	Portemanteau	Casque.	Ceinturon.	Sabre.	Observations.
Sous-officiers promus officiers..........		1	»	1	1	1	»	»	»	»	(1)
Admis à la retraite.........	Sous-offic.	1	»	1	1	1	1	»	»	»	
	Troupe...	1	1	1	1	1	1	»	»	»	(2)
Congédiés, réform.. en congé d'un an. renouvel. rempl.par des ayants droit à leur congé.	Sous-offic.	1	»	1	»	1	1	»	»	»	
	Troupe ..	1	1	1	»	1	1	»	»	»	
Semestr. ou allant aux eaux	Sous-offic.	1	»	1	1	1	1	1	1	1	(3)
	Troupe...	1	1	1	1	1	1	»	»	»	
Renvoyés dans leurs foyers, passant aux compag. de dis-	Sous-offic.	»	»	1	»	1	1	»	»	»	
cipline, mis en jugement...	Troupe...	»	»	1	»	1	1	»	»	»	
Passant dans la gendarm. ou dans la garde municipale..	Sous-offic.	»	»	1	»	1	1	»	»	»	
	Troupe...	»	1	1	»	1	1	»	»	»	(5)
Passant dans un corps dont l'unif.est à peu-près le même	Sous-offic.	1	»	1	1	1	1	»	»	»	
	Troupe..	1	1	1	1	1	1	»	»	»	
Pass. dans un corps dont l'un. est différ. et dans l'infanter.	Sons-offic.	»	»	1	»	1	1	»	»	»	
	Troupe...	»	1	1	»	1	1	»	»	»	
Remp.au corps, ayant acquit. l'indemnité d'habillement..	Sous-offib	1	»	1	1	1	1	»	»	»	
	Troupe...	1	1	1	1	1	1	»	»	»	
Maréc. des log. chef nom. adj. s.-officiers.		1	»	1	1	1	1	»	»	»	
Caval. ou sous-offic. passant maît. ouvr.		1	1	1	1	1	1	»	»	»	
Id. allant en remonte (Instruction ministér. du 20 mars 1837).		1	1	1	1	1	1	1	1	»	

Voir les notes à la page suivante.

(1) Les adjudants, vétérinaires et maîtres ouvriers emportent la totalité des effets dont l'entretien est à leur charge.

(2) Les hommes libérés ou passant dans un autre corps dont l'uniforme est différent, n'emportent que des portemanteaux ou réformés dans leur dernière année de service.

(3) Dans toutes les positions où le cavalier est autorisé à emporter sa veste d'écurie, le sous-officier peut emporter son habit de petite tenue.

(4) Les hommes passant dans la gendarmerie ou la garde municipale n'emportent que des effets hors de service, et qui ne peuvent être l'objet d'une répétition du corps

(5) Dans toutes les positions, les hommes emportent tous les effets au compte de la masse individuelle.

(6) Les hommes envoyés à Alger emportent :

> La veste d'écurie,
> Le pantalon de cheval,
> Le bonnet de police,
> Un portemanteau
> Et tous les effets de petit équipement (c'est de rigueur).

(7) Et tous les effets de pansage et petit équipement .... { Le conseil envoie les licols les couv. etc., par les transp. de la guerre.

POLICE ADMINISTRATIVE.

La police administrative des corps et détachement s'étend à tout ce qui peut faire recette ou dépense quelconque, au compte du ministère de la guerre. Les sous-intendants militaires en sont chargés, ce sont eux qui passent les revues de comptabilité et d'effectif.

Ils délivrent les feuilles de route.

Leur visa ou leurs ordres déterminent seuls les allocations diverses ; formalité exigée, sous peine de nullité, sur toutes les pièces servant à constater l'existence des hommes et des chevaux, et leurs droits aux diverses prestations.

Les sous-intendants militaires sont suppléés, savoir :

Aux armées, par des officiers supérieurs du corps royal d'état-major.

Dans l'intérieur du royaume : 1° Dans les chefs-lieux de département qui ne sont pas place de guerre, par un conseiller de préfecture ; 2° dans les chefs-lieux d'arrondissement qui ne sont pas place de guerre, par les sous-préfets ; 3° dans toutes les places de guerre où il y a un major de place, par cet officier ; 4° dans toutes les autres places de guerre, par le lieutenant de roi ; 5° Enfin dans tous les autres lieux, par le maire.

DÉTACHEMENTS.

Un détachement est une réunion de six hommes au moins du même corps, montés ou non montés, commandés par le plus élevé en grade ou par le plus ancien, et qui se séparent de la portion principale du régiment pour un service quelconque ; cependant le détachement qui est réduit en route au-dessous de six hommes, continue à recevoir la solde de route jusqu'à destination.

Le commandant d'un détachement au-dessous de deux escadrons réunit dans sa personne l'autorité du commandement et celle de l'administration ; il veille à la conservation et à l'entretien des hommes et des chevaux qui lui sont confiés, et de tous les effets et armes dont les hommes ont été pourvus ; il exerce enfin à tous égards les attributions du capitaine commandant, si son détachement est composé de fractions détachées des escadrons, et dans tous les cas celles du chef de corps dans les limites hiérarchiques tracées par le règlement sur le service intérieur.

Les détails de l'administration d'un déta-chement sont confiés à un conseil d'administration éventuel lorsque le détachement est composé de plusieurs escadrons.

Tous les conseils éventuels et tous les commandants de détachements chargés de l'administration deviennent pécuniairement responsables des détails de leur gestion.

Un détachement doit être muni au départ des pièces ci-après, savoir :

1° Un ordre de route.

2. Une instruction par écrit sur l'objet de sa mission et sur le service de son détachement.

3. Une feuille de route.

4. Un certificat de cessation de payement.

5. Un livret de solde.

6. Un contrôle annuel des officiers, sous-officiers et cavaliers.

7. Un contrôle annuel des chevaux.

8. Les feuilles signalétiques des hommes et des chevaux, extraites des registres matricules des escadrons.

9. Un état détaillé des effets de toute nature emportés par les hommes, indiquant la situation de la masse de chacun.

10. Un état de tous les effets de harnachement

11. Enfin un registre-journal des recettes et dépenses, s'il n'existe pas de conseil éventuel.

(S'il existe un conseil éventuel, voir, pour les registres à tenir et les documents qui s'y rattachent, l'art. 117 de l'ordonn. du 10 mai 1844).

Ils recevront, en outre, des imprimés de

billets d'hôpital, des feuilles de prêt, d'état démargement des officiers; des feuilles de journées, des feuilles d'appels, des feuilles de situation de masses individuelles, d'état de mutations, d'état de solde, d'état de réparations faites au compte des hommes; des feuilles de signalement de déserteurs, d'un modèle de procès-verbal pour constater la mort ou l'abattage d'un cheval.

Avant le départ, le commandant du détachement doit s'assurer du bon entretien de tous les effets, de l'exactitude de l'arrêté des comptes individuels au livret de chaque homme, et du bon état de la ferrure des chevaux.

Un détachement qui reçoit l'ordre de partir, doit être passé en revue par le sous-intendant militaire, ou par l'autorité chargée de le suppléer : le résultat de cette revue est constatée sur la feuille de route.

Des pièces et renseignements à fournir par le conseil éventuel au conseil d'administration central. (Règ. du 10 mai 1844).

Les conseils d'administration éventuels, ou les officiers auxquels leurs attributions sont dévolues, adressent au conseil d'administration central, immédiatement après la la vérification de la comptabilité par les sous-intendants militaires :

1. Un extrait du registre-journal des recettes et dépenses, ou toutes celles qui sont afférentes au trimestre seulement, doivent être transcrites littéralement avec énonciation en toutes lettres du restant en caisse.

. 2. Un extrait du registre des recettes et consommations du service de l'habillement, présentant, par chapitre, toutes les inscriptions qui ont été faites sur ce registre pendant le trimestre, et le restant en magasin, avec indication des prix des effets de petit équipement, des pièces d'armes et des pièces de casque ou d'autre coiffure, selon l'arme.

Ces extraits, certifiés par le conseil éventuel ou l'officier qui en tient lieu, et vérifiés par le sous-intendant militaire, sont appuyés des pièces justificatives de toutes les recettes et dépenses en deniers, et des réceptions ou consommations d'effets ou d'armes faites pendant le trimestre, des feuilles de décompte de la masse individuelle, applicables au même temps, et du bordereau que l'officier délégué pour l'habillement, est tenu d'établir pour les réparations.

3. Un extrait, vérifié comme les deux précédents, du registre des distributions de vivres, chauffages et fourrages, relatant les fournitures reçues pendant le trimestre par chaque compagnie ou escadron.

Ils font parvenir en même temps au conseil d'administration central tous les feuillets matricules des hommes qui ont cessé d'appartenir à la portion de corps pendant les trois mois précédents, ainsi que les registres et pièces de toute nature qui doivent être classés dans les archives du corps.

Enfin, ils fournissent à ce conseil tous les documents et renseignements qu'il leur demande, pour faciliter les écritures tenues à la portion centrale et l'établissement des comptes qu'il doit rendre.

Nota. Les officiers de l'intendance militaire n'admettent que des registres et pièces de comptabilité, conformes aux modèles réglementaires.

LOGEMENT ET CASERNEMENT.

Les officiers, sous-officiers, brigadiers et cavaliers de toute arme, marchant avec feuille de route, en corps, en détachement ou isolément, ont droit au logement fourni par les autorités locales, avec éclairage pour les officiers, et place au feu et à la chandelle pour les hommes de troupe.

Les troupes en garnison logent dans les bâtiments militaires.

Les commandants de place sont chargés de la police militaire des bâtiments occupés par la troupe.

Les officiers du génie sont chargés de la police administrative des bâtiments militaires, conjointement avec l'intendant militaire.

L'intendant militaire désigne le logement des corps dans les bâtiments qui leur sont affectés.

Les corps et détachements sont responsables de tout ce qui constitue leur casernement; ils ne sont pas responsables toutefois des dégradations provenant soit d'usure naturelle, soit du peu de soin que l'entrepreneur aurait apporté dans leur entretien.

Lorsqu'il y a insuffisance de bâtiments militaires ou manque de fournitures de literie, les militaires en station ou en cantonnement sont logés chez les habitants.

Les troupes en station, logées chez les habitants, n'ont droit qu'à une chambre à cheminée pour la cuisson des aliments.

Le chauffage est dû à la troupe par les habitants pour les trois premiers jours de logement : ce n'est qu'à partir du quatrième jour qu'il est fourni par l'état.

Les officiers à l'arrivée en garnison, ou en cantonnement, ne peuvent prétendre à des billets de logement pour plus de trois nuits ; ils sont tenus de se loger ensuite de gré à gré à leurs frais.

Les habitants qui logent des militaires ou des chevaux en station et ceux qui fournissent accidentellement des fournitures de coucher, ont droit à une indemnité payée par l'administration de la guerre aux administrations municipales qui en font la répartition entre les intéressés.

Indemnité à accorder aux habitants pour les troupes logées chez eux.

Sous-officier couchant seul, par jour. . . . . » 15 c.

Sous-officiers ou soldats couchant deux, par jour. . . . . . . » 07 1⁄2

Chevaux placés dans les écuries particulières, par jour et par cheval. . . . . » 05

Convois militaires.

Le poids ou le nombre d'hommes à transporter sur chaque voiture est fixé comme il suit :

hommes.

Voiture à 1 collier, 250 kil., ou de 1 à 4
Id.   à 2 colliers, 450 kil., ou de 5 à 7
Id.   à 3 colliers, 600 kil., ou de 8 à 9
Id.   à 4 colliers, 750 hil., ou de 10 à 12

Le poids à transporter sur un cheval ou mulet est fixé au maximum de 125 kilog.

Toute troupe, composée de 25 hommes et plus, qui change de garnison où va en cantonnement à plus de 12 kilomètres, a droit aux fournitures de convois, lors même que le trajet n'exige qu'une journée de marche. Il est accordé :

A un détachement de 25 à 74 hommes, 1 voiture à 1 collier.

A un détachemment de 75 à 149 hommes, 1 voiture à 2 colliers.

A un détachement de 150 à 299 hommes, 1 voiture 3 colliers.

A un détachement de 300 à 499 hommes, 1 voiture à 4 colliers.

A un détachement de 500 et au-dessus. . . . { 1 voiture à 2 colliers. 1 voiture à 4 colliers.

Un détachement de 40 hommes et au-dessous, transporté par urgence et franchissant plusieurs distances d'étapes par jour, a droit à une voiture à 4 colliers pour 10 hommes, avec leurs sacs et leurs armes.

Corps entiers.

Un régiment de cuirassiers.. . . . . . . { 2 voitures à 4 colliers. 1 voiture à 2 colliers.

Escadron de cuirrassiers voyageant seul . . . { avec la caisse et les papiers du corps . . { 1 voiture à 4 colliers. 1 voiture à 2 colliers. } sans la caisse ni les papiers du corps . . { 1 voit. à 4 col.

10

Un régiment de dragons, lanciers, chasseurs, hussards, voyageant avec la caisse et les papiers du corps.	2 voitures à 3 colliers. 1 voiture à 2 colliers.
Un régiment voyageant sans la caisse.	2 voitures à 3 colliers.
Un escadron d'un de ces régiments voyageant seul avec la caisse et les papiers du corps.	1 voiture à 3 colliers. 1 voiture à 2 colliers.
Escadron voyageant seul, sans la caisse ni les papiers.	1 voiture à 3 colliers.

Le 27 juillet 1841, le ministre à décidé que les détachements des compagnies s'administrant elles-mêmes, voyageant isolément recevraient les fournitures de convois d'après leur effectif, et qu'il serait accordé, en sus, une voiture à 1 collier, pour le transport de la caisse et des papiers, au détachement ou à la portion principale voyageant avec ces objets.

Transport des gros bagages.

Les officiers des corps ont la faculté de faire transporter leurs bagages personnels par la voie des transports directs de la guerre, au prix et condition du traité du 26 juin 1841. (*Circulaire ministérielle du 5 avril 1842*).

Les officiers de santé des corps de troupe sont autorisés à faire transporter, aux frais de l'État, les livres formant leur bibliothèque, au poids de, savoir :

Pour les chirurgiens-majors, 75 kilog.
Idem   aides-majors,   50 id.

(*Décision ministérielle du 7 février 1843.*)

Les gros bagages et effets du corps à expédier aux frais de l'état, sont :

1° Les matières destinées pour les confections, ainsi que les effets d'habillement, de coiffure, de grand équipement, de harnachement et d'armement, dont l'existence est constatée par les écritures des officiers comptables de ces divers services;

2° Les effets des escadrons, tels qu'ils sont spécifiés dans l'ordonnance du 2 novembre 1833, et qui n'étant pas nécessaires en route, n'auraient pu être chargés sur les voitures des convois militaires;

3° Les débris qui proviennent d'effets vieux, et qui sont conservés pour les réparations ;

4° Les manteaux, les secondes paires de bottes, ainsi que les effets de pansage, fusils, monsquetons, pistolets et cuirasses des cavaliers non montés au moment du départ;

5° Les effets et armes provenant des hommes en semestre, en congé, en remonte, aux hôpitaux, en état de désertion, en jugement, etc. ;

6° Le harnachement des chevaux malades ou blessés, et qui, au moment du départ, ne pourraient être sellés. Le sous-intendant ou un adjoint à l'intendance, assisté d'un vétérinaire, vérifiera, lors de la revue de départ, la situation de ces chevaux, et indiquera leur effectif dans la revue et le procès-verbal de pesée ;

7° Les pièces d'armes dont les corps doivent être pourvus aux termes du règlement du 30 mars 1822 et dont l'existence est prouvée par le registre spécial des recettes et consommations ;

8° La caisse spéciale de chirurgie, celle du vétérinaire, ainsi que les objets de l'infirmerie, sauf les articles les plus usuels en route, lesquels seront placés sur les voitures de convois ;

9° Les toises pour les hommes et les chevaux,

10° Les archives qui n'auraient pas atteint l'époque du versement ordonné dans les magasins d'artillerie (*décision royale du 16 février* 1827) ou n'auraient pu être chargées sur les voitures de convois ;

11° Le journal militaire et la bibliothèque régimentaire, ainsi que celle des officiers;

12° Les objets destinés à l'école d'enseignement ;

13° Les effets de manége, de la salle de musique et de la salle d'escrime;

14° Les outils dont les maîtres ouvriers doivent être pourvus pour l'exercice de leur profession.

Les collis contenant les effets énoncés dans le présent article sont vérifiés par le sous-intendant, à l'exception des objets désignés dans les n°ˢ 1 et 7, et dont la vérification peut se faire à la simple inspection des registres des officiers comptables. (*Règlement du 1ᵉʳ janvier* 1824 ; *modification du* 16 *juin* 1827, *et traité du* 26 *juin* 1841.)

Les effets ci-dessus doivent être déposés au magasin d'habillement du corps pour être remis à l'agent des transports.

TROISIÈME PARTIE.

CONSTITUTION DE L'ARMÉE.

En prenant l'infanterie pour unité, les armes concourent habituellement à la formation d'une armée dans les proportions suivantes :

La cavalerie, pour un cinquième (1|5).
L'artillerie, pour un huitième (1|8).
Le génie, pour un quarantième (1|40).
Les équipages, pour un trentième (1|30.)

COMPOSITION ET ORGANISATION DE LA CAVALERIE.

(Extrait de l'ordonnance du 8 septembre 1841.)

CAVALERIE DE RÉSERVE.

2 régiments de carabiniers.
10   id.   de cuirassiers.

CAVALERIE DE LIGNE.

12 régiments de dragons.
 8   id.   de lanciers.

CAVALERIE LÉGÈRE.

13 régiments de chasseurs.
 9   id.   de hussards.
 4   id.   de chasseurs d'Afrique.
 3   id.   de spahis.
4 compagnies de cavaliers-vétérans.
1 école royale de cavalerie.

Nota. Voir pour l'uniforme l'*Annuaire militaire,* au titre de chaque arme et de chaque régiment.

CADRE CONSTITUTIF D'UN RÉGIMENT DE CAVALERIE, SUR LE
PIED DE PAIX,
D'après les ordonnance des 8 septembre 1841 et 18 mars 1843.

OFFICIERS.

État-major.		Hommes.		Chevaux.	
	Colonel	1		3	
	Lieutenant-colonel	1		3	
	Chefs d'escadrons	2		4	
	Major	1		2	
	Capitaine instructeur	1		2	
	Capitaines adjudants-majors	2		4	
	Capitaine trésorier	1	15	(*b*)1	25
	Capitaine d'habillement	1		(*b*)1	
	Adjoint au trésorier	1		1	
	Porte-étendard	1		1	
	Chirurgien-major	1		1	
	Chirurgien aide-major	1		1	
	Vétérinaire en premier	1		1	
	A reporter		15		25

Voir les notes à la page 154.

Corps	Désignation	H. (unité)	Ch. (unité)	Hommes	Chevaux
	Report			15	25
Escad. (5) (a)	Capitain. command. hom. 1	chev. 2		5	10
	Capitaine en second 1	2		5	10
	Lieutenant en premier 1 } 6	1 } 8		5 } 30	5 } 40
	Lieutenant en second 1	1		5	5
	Sous-lieutenants 2	2		10	10
	Total des officiers			45	65
Pet. ét.-maj. Pelot. h. rang.	Adjudants sous-officiers			2	2
	Adjudant vaguemestre			1	1
	Vétérinaire en second			1 } 6	1 } 6
	Trompette-major			1	1
	Brigadier-trompette			1	1
	Maréch. des logis. { 1er secrétaire du trésorier 1			»	
	Garde magasin d'habillement 1			»	
	Chargé des détails de l'écurie 1 } 8			9	» } »
	Maître d'escrime 1			»	
	Maît. armur., sell., taill., bott. 4			»	
	Brigadier-fourrier d'état-major 1			»	
Peloton hors rang.	Brigad. { 2e secrétaire du trésorier 1			»	
	Prévôts 2 } 6			»	
	1er ouv. sellier, taill., bottier 3			»	
	Caval. { Secrétaire du major 1			»	
	3e secrétaire du trésorier 1			»	
	Secrét. de l'offic. d'habillem. 1			»	
	Attaché à l'infirm. des chev 1 } 38			54	» } »
	Ouvriers armuriers 2			»	
	Ouvriers selliers 6			»	
	Ouvriers tailleurs 14			»	
	Ouvriers bottiers 12			»	
	Enfant de troupe			1	»
Escad. (cinq) (a)	Maréchal des log. chef. 1	1		5	5
	Maréchaux des logis 6	6		30	30
	Fourrier 1	1		5	5
	Brigadier élève fourrier 1	2 } 27		5 } 150	5 } 135
	Brigadiers 12 (3 (c))	11		60	60
	Maréchaux ferrants 3	2		15	15
	Trompettes 4	4		20	20
	Enfants de troupe 2	»		10	10
	Tot. de la troupe.			210 (d)	141 (d)

V. les notes à la p. 154.

	officiers	troupe.	Enfants de troupe.	CHEVAUX	
				d'offic.	de tr.
Pour l'état-major et le peloton hors rang.................	15	60	1	27	6
Pour chaque escadron........	6	170	2	8	145

Il y a en outre une blanchisseuse-vivandière par escadron, et une pour le peloton hors rang.

(*a*) Sur le pied de guerre chaque régiment est porté à 6 escadrons.

(*b*) Le trésorier et l'officier d'habillement peuvent être montés de deux chevaux; mais lors même qu'il n'en auraient qu'un, ce cheval serait entretenu aux frais de l'État; ils sont considérés ici comme étant montés d'un seul cheval.

(*c*) D'après l'ordonnance du 19 février 1831, le nombre des cavaliers 1re classe de chaque escadron a été fixé à 32.

(*d*) L'effectif général d'un régiment varie en raison de l'état de guerre et de l'état de paix, et, dans le dernier cas, suivant les dispositions budgétaires. Le ministre de la guerre en fait connaître le chiffre par insertion au journal militaire.

Nota. D'après les dispositions de l'ordonnance du 8 septembre 1841, le vétérinaire en premier a été compris dans l'état-major à la suite des officiers.

Une décision ministérielle du 19 août 1845, détermine la composition instrumentale de musique des régiments de cavalerie de l'armée, et fixe à 22 trompettes et 14 élèves; ensemble, 36 instrumentistes, y compris le chef de musique pour chaque régiment.

Les élèves de musique seront choisis indistinctement parmi les militaires et les enfants de troupe qui manifesteront des dispositions particulières pour la musique.

OBSERVATION.

La composition des cadres pour les chasseurs d'Afrique, les spahis, les vétérans et l'école de cavalerie est réglée par des ordonnances spéciales.

RECRUTEMENT.

(Extrait de la loi du 21 mars 1832 et dispositions y relatives.)

L'armée se recrute par des engagements et
par des appels. — La durée du service est de
7 ans. Le contingent de l'armée s'obtient par
des appels; il est annuellement réglé par une
loi.

*Minimum de la taille exigée pour la
cavalerie :*

Carabiniers,	1 mèt. 761 millim.
Cuirassiers,	1 id. 733 id.
Dragons et lanciers ,	1 id. 706 id.
Chasseurs, hussards, etc.,	1 id. 679 id.

Tout militaire, dans le cours de sa dernière
année de service, peut contracter un renga-
gement de 2, 3 et 4 ou 5 ans, s'il n'a pas 50 ans
d'âge et 30 ans de service.

Tout militaire n'ayant plus que 6 mois de
service à faire pour atteindre sa libération ,
peut être admis à remplacer jusqu'à l'âge de
30 ans, et même jusqu'à 35 ans, s'il a servi
dans l'arme du remplacé , pourvu toutefois
qu'il remplisse les conditions exigées par la
loi.

REMONTES.

(Extrait de l'ordonnance du 11 mai 1831 et
disposisions y relatives.)

Les chevaux propres à la cavalerie y sont

admis dès l'âge de 5 ans au moins et 7 ans au plus.

Leur taille varie, savoir :

Cavalerie de réserve, de 1 m. 542 à 1 m. 597 m.
Dragons,   de 1 m. 515 à 1 m. 542 m.
Lanciers,   de 1 m. 502 à 1 m. 529 m.
Cavalerie légère ,   de 1 m. 475 à 1 m. 502 m.

Les chevaux de remonte doivent réunir en outre toutes les qualités qui les rendent spécialement aptes à l'arme pour laquelle ils sont destinés; ils doivent être fortement constitués, bien conformes et exempts de tares. Le prix des chevaux par armes est réglé chaque année par le ministre de la guerre.

Les remontes sont livrées au régiment par des dépôts établis à cet effet pour l'armée.

AVANCEMENT.

(Extraits de la loi du 4 avril 1832 et de l'ordonnance royale du 16 mars 1338.)

Conditions exigées pour obtenir les grades ou emplois de

cavalier de 1re classe. Etre à l'école de l'escadron, avoir de la conduite , du zèle, de la tenue et du goût pour l'équitation.

brigadier.

Savoir lire et écrire, avoir servi au moins pendant 6 mois comme cavalier; être à l'école de l'escadron et en état de démontrer les deux premières leçons de l'école du cavalier à pied et à cheval ; connaître les fonctions de ce grade, définies dans le règlement sur le service intérieur, le service des places et celui des armées en campagne, ainsi que les principales dispositions du Code pénal militaire.

brigadier élève fourrier.

L'élève fourrier est choisi parmi les brigadiers, et subsidiairement parmi les cavaliers portés au tableau d'avancement.

Indépendamment des conditions exigées ci-dessus, il doit : 1° savoir écrire correctement sous la dictée ; 2° connaître les élements de la grammaire et ceux de la comptabilité d'un escadron.

maréchal des logis.

Avoir servi au moins 6 mois dans le grade de brigadier ou de brigadier élève fourrier; être en état de démontrer en entier l'école du cavalier à pied et à cheval, connaître théoriquement l'école de peloton ; être en état de remplir les fonctions de guide dans toutes les manœuvres; être en état de commander un peloton et connaître les fonctions de maréchal des logis, définies dans les règlements ci-dessus.

maréchal des logis fourrier.

Il est choisi parmi les maréchaux des logis, parmi les brigadiers et brigadiers élèves fourriers portés au tableau d'avancement. Indépendamment des connaissances indiquées à l'article maréchal des logis, il doit savoir ce qui est exigé à l'article du brigadier élève fourrier.

maréchal des logis chef.

Choisi parmi les maréchaux des logis fourriers ayant au moins 6 mois de grade de sous-officier. Les fourriers doivent avoir fait, comme titulaires, les fonctions de maréchal des logis de peloton au moins pendant 3 mois; indépendamment des conditions exigées pour être fourrier ou maréchal des logis, connaître : 1° les détails de la comptabilité d'un escadron ; 2° les devoirs du maréchal des logis chef définis dans les divers règlements précités.

adjudant sous-officier.

Choisi indistinctement parmi tous les sous-officiers ayant au moins un an de grade; toutefois les fourriers ne peuvent être nommés au grade d'adjudant qu'autant qu'ils ont été 6 mois au moins maréchaux des logis de peloton , et qu'ils connaissent l'école d'escadron et les règlements sur les différents services.

sous-lieutenant.

Avoir servi au moins pendant 2 ans comme sous-officier, ou avoir été pendant 2 ans élève de l'école militaire et avoir satisfait aux examens de sortie de ladite école.

adjoint au trésorier.	Cet emploi est donné à un sous-lieutenant ou à un sous-officier reconnu apte à le remplir par un sous-intendant militaire. Si le candidat n'est que sous-officier, il faut qu'il soit porté au tableau d'avancement au grade de sous-lieutenant.
porte-étendard.	Choisi parmi les sous-lieutenants ayant au moins 7 ans de service effectif.
lieutenant.	Avoir suivi au moins 2 ans dans l grade de sous-lieutenant.
capitaine.	Avoir suivi au moins 2 ans dans le grade de lieutenant.
capitaine instructeur	Avoir, comme capitaine ou lieutenan , suivi les cours de l'école de cavalerie en qualité d'officier d'instruction.
capitaine adjudant-major.	Choisi parmi les capitaines et les lieutenants portés au tableau d'avancement et avoir au moins 7 ans de service sous les drapeaux.
capitaine trésorier et capit. d'habillement.	Choisi parmi les capitaines et les lieutenants portés au tableau d'avancement, et avoir en outre été reconnus apte à ces emplois par un intendant ou sous-intendant militaire.

chef d'escadron ou major.	Avoir servi au moins pendant 4 ans dans le grade de capitaine; et pour devenir major avoir, été reconnu apte aux fonctions de cet emploi par un intendant militaire.
lieutenant-colonel.	Avoir servi au moins pendant 3 ans dans le grade de chef d'escadron ou major.
colonel.	Avoir servi au moins pendant 2 ans dans le grade de lieutenant-colonel.
Grade sup. à celui de colonel.	Avoir servi au moins 3 ans dans le grade immédiatement inférieur.

LIBÉRATION DU SERVICE.

(Extrait de la loi du 21 mars 1832.)

Les engagés volontaires, les rengagés et les remplaçants ont droit à leur libération à l'expiration du temps déterminé par les actes qui les lient au service.

Les appelés y ont droit le 31 décembre de chaque année en temps de paix; en temps de guerre ils y ont droit immédiatement après l'arrivée au corps du contingent destiné à les remplacer.

Toute absence illégale est déduite des années de service exigées. Les détentions encourues pour désertion sont considérées comme absence illégale. On entend par absence illégale le temps qui s'écoule depuis le jour où le militaire a été déclaré déserteur jusqu'à celui où il rentre sous les drapeaux, sans jugement ou après jugement.

Le temps passé en état de détention par suite d'un jugement rendu par un conseil de guerre ou par un tribunal civil, est également déduit des années de service.

RETRAITE.

(Extrait de la loi du 11 avril 1831 et ordonnance royale y relative).

Les officiers, sous-officiers et cavaliers ont droit à leur retraite à 30 ans révolus de service. Elle leur est également due pour blessures ou infirmités graves ou incurables, pour accidents éprouvés dans un service commandé, ou par suite des circonstances et fatigues du service militaire.

La quotité de la pension de retraite est fixée par grade et en raison des services, campagnes et blessures. Voir le tarif annexé à la loi.

Il faut avoir 2 ans de service effectif dans un grade pour prétendre à la pension attribuée à ce grade.

La désertion constatée par un jugement fait perdre, pour les droits à la pension, tous les services antérieurs à cette désertion.

TARIF DES PENSIONS DE RETRAITE.

	PENSIONS DE RETRAITE pour ancienneté.		
	Maxim. a 30 ans de serv.	Ch. ann de serv. ou cam. au dess. de 30 an	Maxim.
	fr.	fr.	fr.
Colonel	2,400	30	3,000
Lieutenant-colonel...	1,800	30	2,400
Chef d'escad. ou major.	1,500	25	2,000
Capitaine	1,200	20	1,600
Lieutenant...........	800	20	1,200
Sous-lieutenant	600	20	1,000
Chirur- { Major	1500	25	2,000
gien. { Aide-major..	800	20	1,200
{ Sous-aide...	600	20	1,000
Vétérinaire en 1er....	400	10	600
Adjudant sous-officier.	400	10	600
Mar. d. l. chef, tromp.. maj., vét. en deuxièm	300	10	500
Mar. des logis, maître ouvrier......... .	250	7	400
Brigadier	220	6	340
Cavalier et trompette.	200	5	300

Voir le nota à la page suivante.

Mesure réglementaire mais nettement obligatoire. {

Retraite. {
S.-lieut. et lieut... 52 ans.
Capitaine............ 54
Chef d'escadron..... 56
Lieutenant-colonel. 58
Colonel.............. 60

Réserve. {
Maréchal de camp. 62
Lieut.-général........ 65

Après 12 ans de service dans le grade, la retraite est augmentée d'un cinquième.

La solde de non-activité pour l'officier sorti de l'activité par suite de licenciement de corps, de suppression d'emploi, de rentrée de captivité à l'ennemi ou d'infirmités temporaires, est fixée à la moitié de la solde d'activité dégagée de tous les accessoires.

Pour l'officier sorti de l'activité par retraite ou par suspension d'emploi, aux deux cinquièmes de la même solde.

Les lieutenants et sous-lieutenants en non-activité touchent les trois cinquièmes de la solde d'activité dépouillée de tous accessoires.

Nul officier n'a droit à un traitement, s'il n'a accompli le temps de service imposé par la loi de recrutement.

Tout officier réformé, ayant moins de 20 ans de service, recevra, pendant un temps égal à la moitié de la durée de ses services effectifs, une solde de réforme égale aux deux tiers du maximum de la pension de retraite de son grade.

L'officier ayant, au moment de sa réforme, plus de 20 ans de service effectif, recevra une pension de réforme dont la quotité sera déterminée d'après le maximum de la retraite de son grade, à raison d'un trentième pour chaque année de service effectif.

Les pensions et traitements de réforme ci-dessus déterminés peuvent se cumuler avec un traitement civil.

Les officiers jouissant d'une pension de retraite de 1200 fr. au moins, et justifiant d'un domicile réel de trois ans dans l'arrondissement électoral, sont de droit *électeurs*, s'ils payent 100 fr. de contributions directes.

Les officiers en retraite peuvent compter pour compléter les 1200 fr. ci-dessus, le traitement qu'ils touchent comme membres de la Légion d'honneur, conformément aux dispositions de la loi du 19 avril 1831.

QUATRIÈME PARTIE.

ÉTAT-CIVIL, DÉSERTION, LÉGISLATION PÉNALE.

De l'État-civil.

Les principaux actes de l'état civil pour les militaires sont, savoir :

Les naissances.

Les mariages.

Les procurations.

Les certificats de vie.

Les testaments.
Les décès.

Dans l'intérieur du royaume et sur le pied de paix, ces actes sont dressés par les autorités civiles pour les militaires, comme pour les autres Français.

Les formalités, relatives aux hommes qui meurent dans les hôpitaux de l'intérieur, sont, comme à l'armée, remplies par les officiers d'administration de ces hôpitaux.

Dans l'intérieur du royaume, et pour les hommes qui meurent sans être à l'hôpital, la déclaration du décès est faite par le commandant du corps ou du détachement, à l'autorité municipale où le décès a eu lieu ; elle est faite sur-le-champ et par deux témoins ; cette déclaration est faite encore au juge de paix du canton, pour qu'il vienne apposer les scellés sur les effets du décédé.

Ces scellés sont ensuite levés dans le plus bref délai, en présence d'un officier désigné par le conseil d'administration, pour assister à cette levée et en signer le procès-verbal. Si le décédé a disposé par écrit de ses effets, avant sa mort, le juge de paix ne sera pas appelé, les intentions du décédé seront suivies ; s'il n'a pas fait de dispositions, les effets sont remis à sa famille après la levée des scellés, ou vendus avec les formalités requises par les lois.

Des actes de l'État-civil à l'armée.

A l'armée, il est tenu un registre pour les actes de l'état civil, dans chaque corps ou dans chaque détachement s'administrant lui-même.

Ce registre est tenu par l'officier payeur, dans les corps où il existe un officier de ce grade, ou par l'officier commandant n'ayant pas d'officier payeur.

Ces registres sont cotés et paraphés par l'officier commandant pour un corps entier, et par un sous-intendant militaire pour les détachements n'ayant pas d'officier payeur.

Les témoins des actes de l'état civil ne peuvent être que du sexe masculin, âgés de vingt-un ans au moins, parents ou autres, et ils doivent être choisis par les parties intéressées.

Les actes sont signés par l'officier qui les rédige, les comparants et les témoins, ou mention est faite de la cause qui empêche les comparants et les témoins de signer.

Des naissances.

Les déclarations de naissance, à l'armée, doivent être faites dans les dix jours qui suivent l'accouchement.

La présentation de l'enfant est faite par l

père ou une autre personne, et par deux témoins.

Des mariages.

Les sous-officiers et cavaliers ne peuvent se marier qu'après en avoir obtenu la permission du conseil d'administration de leur corps.

Les militaires qui désirent se marier hors du territoire français, doivent produire les mêmes pièces que pour se marier dans l'intérieur.

Ils doivent se présenter à l'officier chargé de l'état-civil ; il leur indique les formalités à remplir, et rédige leur acte de mariage.

Dans les trois mois qui suivront le retour sur le territoire français du militaire marié à l'étranger, son acte de mariage doit être transcrit sur le registre de l'état-civil de sa commune.

Des procurations.

Les procurations dont ont besoin les militaires, en pays étranger et à l'armée, sont passées par le conseil d'administration.

Elles sont valables quand elles sont signées des membres de ce conseil, et quand elles sont revêtues du sceau du corps.

Des testaments.

Les testaments des militaires, en pays étranger, peuvent être dressés, soit par les autorités locales du pays où ils se trouvent, soit par un officier supérieur, soit par un officier de santé en chef, soit sous signature privée.

Les testaments reçus par un officier supérieur ou par un officier de santé en chef, doivent être faits en présence de deux témoins, dont un, au moins, pourra et devra signer.

Les testaments dressés par les autorités locales étrangères, par un officier supérieur ou un officier de santé en chef sont nuls de plein droit, six mois après que le testateur sera revenu dans un lieu où il aura la liberté d'employer les formes ordinaires.

Des décès.

Les décès des militaires doivent être constatés par l'officier chargé de l'état-civil et en présence des trois témoins; les actes sont dressés à la diligence de ces officiers, qui doivent faire usage de tous les moyens à leur disposition, pour ne pas manquer de constater tous les décès des hommes morts à l'armée.

Les scellés sont apposés sur les effets des hommes morts à l'armée, à la diligence du commandant du corps ou du détachement, par un officier commis à cet effet : ces scellés seront ensuite levés; la désignation des effets et leur vente seront ensuite faites comme dans l'intérieur du royaume.

Si le décédé avait disposé de ses effets par testament, les scellés ne seraient pas apposés et le testament serait executé.

Des désertions.

Pendant la paix, est réputé déserteur; tout sous-officier et soldat qui, ayant plus de six mois de service, aura abandonné ses dra- peaux depuis trois fois vingt quatre heures dans un camp, ou une place de guerre, et depuis huit jours dans tout autre lieu, ou qui aura dépassé de quinze jours la durée de son congé.

Celui qui, ayant moins de six mois de service, abandonne son corps dans un camp, ou une place de guerre, ne sera déclaré dé- serteur qu'après quinze jours d'absence et qu'après un mois dans tout autre lieu.

Celui qui aura moins de six mois de ser- vice et qui aura obtenu un congé, ne sera déclaré déserteur qu'après un mois à partir du jour de l'expiration de son congé. Ne pourront prétendre à jouir des jours de re- pentir, accordés aux militaires qui auront moins de six mois de service, ceux qui auront déserté étant de service, ceux dont la désertion n'aura pas été individuelle, et qui auront emporté leur habit.

Pendant la guerre, sera réputé déserteur, tout sous-officier ou soldat qui aura abandonné son corps sans permission ou qui, ayant obtenu un congé, n'aura pas rejoint après l'expiration du congé.

Sera réputé avoir abandonné son corps celui qui, à l'armée ou dans une place de guerre, se sera absenté depuis vingt-quatre heures, et,en tout autre lieu, depuis quarante-huit heures.

Sera réputé n'avoir pas rejoint à l'expiration de son congé, celui qui aura dépassé de huit jours la durée dudit congé.

Aussitôt qu'un militaire abandonne ses drapeaux sans permission le chef du corps ou du détachement doit adresser son signalement au commandant de la gendarmerie, afin qu'il soit recherché sur-le-champ. Si ce militaire se représente volontairement, ou s'il est ramené dans les délais accordés, il pourra n'être puni que d'une peine de discipline.

Tout sous-officier ou soldat annoncé comme devant entrer au corps ou rejoindre à l'époque indiquée, sera signalé comme déserteur à l'expiration du délai déterminé pour les militaires en congé.

Tout homme signalé comme absent, qui

rentrera au corps avant d'avoir été signalé comme déserteur, reprendra et continuera son service ; si cet homme est signalé comme déserteur, il sera constitué prisonnier et dénoncé pour être jugé.

Les états de signalement des militaires déclarés déserteurs, sont adressés le jour même de cette déclaration, et par les commandants de corps ou de détachements, savoir :

1° Au ministre de la guerre.

2° Au préfet du département où est né le déserteur ; s'il est né ou domicilié à Paris, le signalement est adressé au préfet de police.

3° Au colonel commandant la légion de gendarmerie, de laquelle fait partie ce département.

Quand le déserteur n'a pas son dernier domicile dans le département où il est né, les états de signalements sont encore adressés au préfet du département où se trouve ce dernier domicile, et au colonel commandant la légion de gendarmerie dont il fait partie.

Lorsque les déserteurs sont ramenés au corps, de nouveaux états de signalement sont adressés aux autorités auxquelles les premiers ont été renvoyés.

Les plaintes contre les déserteurs rentrés sont adressées aux lieutenants-généraux, commandant les divisions militaires.

Ces officiers-généraux ordonnent sur ces

plaintes soit la mise en jugement, soit le renvoi du prévenu à la discipline du corps ; dans le premier cas, le prévenu est remis à la gendarmerie, pour être conduit devant le conseil de guerre qui doit le juger.

Un relevé des punitions infligées au prévenu, et un relevé de la matricule pour ce qui le conserne - sont joints aux plaintes contre les déserteurs.

Ces plaintes peuvent être collectives ou individuelles, suivant les cas qui les motivent.

Les rapports journaliers des escadrons doivent indiquer les effets et armes de toute espèce, emportés par les hommes manquant aux appels et par les déserteurs.

Des mises en jugement pour crimes ou délits autres que la désertion.

Dans les cas de révolte, d'injures, de voies de fait, d'insubordination, de vol et de crimes ou délits autre que la désertion, les militaires sont constitués prisonniers par ordre de leurs chefs, sur les rapports qui leur sont remis contre eux.

Ces rapports sont écrits et remis à l'officier commandant, en suivant la voie hiérarchique ; l'officier commandant rend compte des faits à l'officier général, sous les ordres du .

quel il se trouve, en une plainte dressée comme les plaintes pour la désertion.

Il y joint les rapports qui lui ont été faits, les pièces de conviction, s'il y en a, un rélevé des punitions et un rélevé de la matricule pour les prévenus.

Ces plaintes sont collectives ou individuelles suivant les cas.

Les prévenus restent en prison jusqu'à la décision prise à leur égard par l'officier-général, qui doit prononcer sur les plaintes portées.

LÉGISLATION PÉNALE.

On appelle *contravention*, l'infraction que les règlements et les lois punissent de peines de police. Ces peines sont *décrites dans l'ordonnance sur le service intérieur.*

On appelle *délit*, l'infraction que les lois punissent de peines correctionnelles. Ces peines sont: 1° *Le boulet et les travaux publics;* 2° *l'amende;* 3° *l'interdiction à temps de certains droits civiques civils ou de famille;* 4° *l'emprisonnement à temps dans un lieu de correction.*

On appelle *crime*, l'infraction que les lois punissent de peines afflictives ou infamantes. Les peines infamantes sont : 1° *La dégradation civique;* 2° *le bannissement;* 3° *le car-*

can. Les peines afflictives sont : 1° *La réclusion*; 2° *les travaux forcés à temps*; 3° *la déportation*; 4° *les travaux forcés à perpétuité*; 5° *la mort*.

Parmi les crimes et délits que peuvent commettre les hommes tenant à l'armée, on distingue : 1° les crimes et délits militaires ou ceux commis en contravention aux lois générales, qui obligent tous les habitants du royaume. Les premiers sont toujours de la compétance des tribunaux militaires, et les autres appartiennent aux tribunaux ordinaires.

JUGEMENT RENDU PAR LES TRIBUNAUX MILITAIRES.

Il y a dans chaque division d'armée ou division militaire de l'intérieur deux conseils de guerre permanents et un conseil de révision. Celui-ci, en cas d'annulation d'un jugement rendu, par l'un des premiers, renvoie l'affaire à celui des deux qui n'en a pas été saisi.

—

Nomenclature alphabétique des délits militaires et des peines y attachées.

DÉLITS.	PEINES.
Aband. de son poste par lâch	Mort.
Abandon de son poste pour se livrer au pillage...........	Fers, 5 ans.
Abandon de voitures.........	Mort.
Absence à la générale........	Prison, 1 mois.
Abs. à la gén. pour la 2ᵉ fois.	Prison, 6 mois.
Abs. à la gén. pour la 3ᵉ fois.	Fers, 2 ans.
Abs. avec récidive lorsqu'on marche à l'ennemi..........	Fers, 2 ans.
Abus de pouv. de la force arm.	Dégradat. civique.
Achat d'effets d'arm. d'habillem. d'équip. ou de chev.	Tr. pub. 1 an à 5 a.
Achat d'effets de pet. équip.	Pris. 2 mois à 1 an.
Amput. de traits de chevaux.	Mort.
Armes port. contre la France	Mort.
Assassinat..................	Mort.
Assassinat pour fuir	Mort.
Attent. à la liberté ou à la sûr.	Prison, 6 mois.
Attentat à la liberté avec vols et voies de fait............	Fers, 2 ans.
Attroupement (Chef d')	Mort.
Attroupement (Auteur d') ...	Mort.
Bon (Fabrication de faux)...	Fers, 5 ans.
Changement de consigne proche l'ennemi	Prison, 6 mois.

DÉLITS.	PEINES.
Chasse	Police correctionn.
Clameurs séditieuses	Mort.
Complicité	Mêm. pein que le cr
Complot de désertion	Mort.
Congé falsifié	Fers, 5 ans.
Congé (Usage du) d'autrui . .	Fers, 5 ans.
Connivence des préposés à la garde des déten. condamn.	Fers, 2 ans.
Consigne chang. près de l'ennemi sans en rendre compte	Prison, 6 mois.
Cons. fausse comprom. la sûr.	Mort.
Consigne forcée à l'armée . . .	Fers, 10 ans.
Consigne non exécut. proche l'ennemi	Fers, 2 ans.
Correspond. avec l'ennemi sans permission	Mort.
Cost. et unif portés sans titre	Emprisonnement.
Dépouill. d'un mort sans ord.	Fers, 5 ans.
Dépouillement d'un vivant . .	Fers, 10 ans.
Dépouilement avec mutilation ou assassinat	Mort.
Désert. absous qui ne représ. pas les armes, effets ou chev. qu'il a emportés ou emmenés en désertant	Tr. publ. ou prison suiv. le délit dont il s'est rendu coup¹

DÉLITS.	PEINES.
Désertion à l'intérieur......	Trav. pub., 3 ans.
Désertion avec récidive....	Mortl.
Désertion à l'armée ou d'une place de première ligne...	Trav. publ. 5 ans.
Désertion d'un suppléant...	Boulet, 5 ans.
Désertion de service ou par-dessus le rempart........	Trav. pub., 5 ans.
Désert. avec eff. de ses cam.	Boulet, 10 ans.
Désert. avec effets de l'État ou du corps............	Trav. pub., 5 ans.
Désert. à l'intér. non individ.	Trav. pub., 5 ans.
Désertion à l'ennemi.......	Mort.
Désertion à l'étranger......	Boulet, 10 ans.
Désertion à l'étranger avec récidive ou de service.....	Mort.
Désertion après amnistie....	Boulet, 10 ans.
Désertion après grâce......	Mort.
Désertion avec armes à feu, ou avec son cheval.......	Maxim. dé la peine
Désert. avec armes blanches.	1 an d'aggravation
Désert. des travaux publics.	Boulet, 10 ans.
Désert. du chef de complot.	Mort.
Désertion en faction.......	Mort.
Désobéissance combinée....	Mort.
Désobéissance formelle à son supérieur................	Prison, 1 an.
Désob. d'une troupe (Chef de)	Fers, 10 ans.

DÉLITS.	PEINES.
Désob. en face de l'ennemi.	Mort.
Détention arbitrale	Dégradat. civique.
Détournem. des effets d'arm. d'équip. ou d'habillement confiés pour le service....	Pris., 6 m. à 2 ans.
Dissipat. des effets d'armem., d'équipem. ou d'habillement confiés pour le service....	*Idem.*
Distraction d'habillement...	Fers, 5 ans.
Double paye...............	Destit. et amende.
Embauchage	Mort.
Empoisonnement..........	Mort.
Enclouage de canon sans ordr.	Mort.
Enlèvement d'un détenu....	Détention.
Enrôlement double	Fers, 5 ans.
Espionnage	Mort.
Evasion des pris. de guerre (Auteur ou complice d')...	Fers, 6 ans.
Fabricat. de faux certificat..	Emprisonnement.
Falsification de congé......	Fers, 5 ans.
Falsification de consigne compromettant le poste........	Mort.
Falsification de farine......	Fers, 5 ans.
Falsicat. de feuille de route.	Fers, 5 ans.
Fauteur de désertion.......	Prison 1 an.
Faux témoignage causant la mort......................	Mort.

DÉLITS.	PEINES.
Faux certificat de maladie..	Fers, 2 ans.
Fraude chez un habitant....	Prison, 3 mois.
Fraude avec menace........	Prison, 6 mois.
Fraude avec voies de fait...	Fers, 2 ans.
Fuite de prisonn. de guerre.	Fers, 6 ans.
Gage (Mise d'effets ou d'armes en)..................	Pris. 2 mois à 1 an
Incendie....................	Mort.
Infidél. dans le poids des rat.	Fers, 2 ans.
Infid. dans les états de troupe	Fers, 5 ans.
Inscript. sous un faux nom.	Fers, 5 ans.
Insulte à une sentinelle.....	Prison, 2 ans.
Insulte à une sentinelle avec voies de fait..............	Mort.
Insulte par le subordonné avec propos ou geste......	Fers, 5 ans.
Insulte par le subordonné avec voies de fait.........	Mort.
Intelligence avec l'ennemi..	Mort.
Lâcheté en faction en présence de l'ennemi.............	Mort.
Lâcheté par abandon de ses armes dans une affaire....	Fers, 3 ans.
Machinations avec l'ennemi.	Mort.
Manque à sa consigne près l'ennemi..................	Fers, 2 ans.
Maraude..................	Exposition.

DÉLITS.	PEINES.
Maraude avec pers. ou récid.	Fers, 5 ans.
Maraude d'une troupe armée	Fers, 8 ans.
Menaces du subordonné....	Fers, 5 ans.
Menaces avec voies de fait.	Travaux forcés.
Meurtre....................	Mort.
Mutin. des prisonn. de guerre	Mort.
Pillage à main armée.......	Mort.
Recel d'effets mis en gage..	Pris., 2 mois à 1 an.
Recel d'espion.............	Mort.
Réception d'un déserteur au camp après la retraite.....	Mort.
Refus de l'emploi de la force	Emprisonnement.
Refus formel de marcher à l'ennemi...................	Mort.
Résist des prisonn. de guerre	Mort.
Révélation à l'ennemi du mot d'ordre.	Mort.
Service contre la France ...	Mort.
Somm. d'un factionnaire près l'ennemi....................	Fers, 2 ans.
Substit. de nom sur un congé.	Fers, 5 ans.
Trahison....................	Mort.
Tambour ou tromp. qui, sans ordre, passe les avant-postes	Mort.
Vente d'armes, habillement ou équipement	Tr. pub. 2 à 5 ans.
Vente d'effets de pet. équip.	Prison 2 m à 1 an.

DÉLITS.	PEINES.
Viol...........................	Fers 8 ans.
Viol d'une fille de moins de 14 ans.......................	Fers, 12 ans.
Viol suivi de mort...........	Mort.
Violation de la consigne génér.	Fers, 10 ans.
Voies de fait envers le subord.	Prison 1 an.
Voies de fait suivies de mort..	Mort.
Voies de fait du subordonné envers le chef...............	Mort.
Vol chez son hôte...........	Fers, 10 ans.
Vol en augmentant l'effectif de la troupe...............	Fers, 3 ans.
Vol des armes et des munit. apparten. à l'État, de l'argent de l'ordin. de la solde, des deniers ou effets quelconques apparten. à des milit. ou à l'État, commis par des militaires qui en sont comptables.....................	Tr. forc. à temps (1)
Vol (*id.*) par des militaires qui ne sont pas comptables.....	Réclusion (2)

(1) En cas de circonstances atténuantes, la peine peut être réduite, soit à la réclusion, soit à un emprisonnement de 3 à 5 ans.

(2) *Idem*, à un emprisonnement de 1 à 5 ans.

Nota. Les peines portées dans ces deux para-graphes pourront, selon les circonstances être or-données contre tout militaire qui aura emporté tout ou partie desdits objets, ou emmené un cheval ou des chevaux, mais qui ne lui étaient pas confiés pour son service ; toutefois si le militaire est en outre dé-claré coupable de désertion, les peines ne pourront être réduites à celles de l'emprisonnement.

11. Venu d'un autre corps par permutation, n'ayant pas rejoint dans les délais.
12. Venu des sous-officiers du corps.
13. Venu des sous-officiers du corps, étant à l'hôpital du lieu.
14. Venu des sous-officiers du corps, étant à l'hôpital externe ou en congé.
15. Venu d'une autre compagnie du corps sans avancement.
16. Venu d'une autre compagnie du corps par passage à une classe supérieure, ayant été à l'hôpital.
17. Venu d'une autre compagnie du corps par promotion.
18. Venu d'une autre compagnie du corps par promotion, ayant été à l'hôpital du lieu, ou en congé de convalescence avec prolongation, etc.
19. Venu d'une autre compagnie du corps par promotion en changeant de garnison.
20. Venu d'une autre compagnie du corps par permutation.
21. Venu d'une autre compagnie du corps par promotion, retenu à son ancien poste.

PERTES.

22. Démissionnaire étant présent au corps.
23. *Idem* .... étant à l'hôpital du lieu.
24. *Idem* .... étant à l'hôpital externe.

25. Démissionnaire étant en congé.
26. Condamné à une peine entraînant la perte du grade.
27. Destitué par jugement.
28. Mis en non-activité pour diverses causes.
29. Admis à la solde de réforme, ou réformé sans traitement pour diverses causes.
30. Admis à la pension de retraite, étant présent au corps.
31. Admis à la pension de retraite, étant à l'hôpital ou en permission.
32. Mort à l'hôpital.
33. Mort étant présent au corps.
34. Mort par suite de blessures, etc.
35. Mort étant en permission.
36. Tué sur le champ de bataille, ou dans un service commandé.
37. Passé à un autre corps par promotion.
38. Passé à un autre corps par promotion, étant à l'hôpital ou en congé.
39. Passé à un autre corps sans avancement.
40. *Idem......* par permutation.
41. Passé à une compagnie du corps.
42. Passé à une autre compagnie du corps par promotion.
43. Passé à une autre compagnie du corps par promotion, étant à l'hôpital, en congé, en recrutement, *ou* en mission.
44. Passé à une autre compagnie du corps par promotion, retenu à son ancien poste.

MUTATIONS N'AFFECTANT PAS L'EFFECTIF.

45. Entré à l'hôpital du lieu.
46. Parti pour l'hôpital externe.
47. Rentré de congé de convalescence obtenu à sa sortie de l'hôpital.
48. Rentré de congé de convalescence obtenu à sa sortie de l'hôpital avec prolongation.
49. Rentré de congé de convalescence, ayant été antérieurement aux eaux thermales, ayant justifié du retard à rejoindre.
50. Parti en vertu d'une permission.
51. Parti en vertu d'un congé et rentré ayant obtenu des prolongations à divers titres et ayant été aux hôpitaux.
52. Parti pour les bains de mer et rentré après les délais.
53. Parti en vertu d'un congé avec solde de présence pour se faire recevoir docteur en médecine.
54. Parti pour subir les examens à l'école d'état-major, *ou* admis à cette école étant en congé.
55. Semestrier étant en congé.
56. Parti en vertu d'un congé de convalescence.
57. Parti en vertu d'un congé de convalescence et rentré, ayant obtenu des pro-

longations au-delà du terme de six mois accordées par le ministre, et ayant été à l'hôpital.

58. Parti en vertu d'un congé de convalescence, ayant reçu une autre direction étant en route pour rejoindre, par suite du changement de garnison du corps.

59. Parti en vertu d'un semestre, ayant obtenu une prolongation au même titre.

60. Parti en vertu d'un semestre et appelé en témoignage pendant la durée de son congé.

61. Parti en vertu d'un semestre après l'époque déterminée par le procès-verbal de l'inspecteur général, pour cause de maladie.

62. Parti en vertu d'un semestre, ayant été retenu pour le service, *ou* autorisé à différer son départ.

63. Semestrier rappelé avant l'expiration de son congé.

64. Semestrier rentré, ayant été à l'hôpital.

65. Appelé en témoignage.

66. Rentré d'une des sessions législatives.

67. Allant aux élections *ou* aux sessions des conseils généraux de département.

68. Détaché pour conduire des recrues, ayant été en permission *ou* à l'hôpital.

69. En détachement.

70. Mis en jugement et acquitté.

71. Appelé à faire partie d'un conseil d'enquête.
72. Appelé devant un conseil d'enquête.
73. Détaché comme rapporteur d'un conseil de guerre et rentré.
74. Promu sans changer de compagnie (Mutation de nouveau grade.)
75. Promu sans changer de compagnie. (Mutation de l'ancien grade.)
76. Passé à une classe supérieure sans changer de compagnie.
77. Passé à une classe supérieure sans changer de compagnie, étant à l'hôpital.
78. Voyageant en détachement.
79. Voyageant en détachement, ayant franchi plus d'un gîte d'étape dans le même jour.
80. Parti pour être employé dans un dépôt de recrutement.
81. Semestrier ayant reçu la solde de congé dans ses foyers.
82. Détaché comme rapporteur d'un conseil de guerre, ayant reçu la solde au titre de son corps.
83. Logé dans les bâtiments militaires meublés ou non meublés.
84. Fait prisonnier de guerre.

OFFICIERS.

GAINS.

1. Était en non-activité (par licenciement, suppression d'emploi, rentrée de captivité à l'ennemi, retrait *ou* suspension d'emploi, *ou* pour infirmités temporaires), *ou* en solde de congé illimité, *ou* en traitement de réforme, *ou* en réforme sans traitement; rappelé à l'activité par ordonnance royale du 27 novembre, lettre d'avis du 30 dudit. Parti de Rouen le 3 décembre; arrivé au corps, à Paris, le 6 dudit.

2. Elève de l'école militaire de Saint-Cyr, nommé sous-lieutenant par ordonnance royale du 1er octobre, lettre d'avis du 3 dudit; arrivé au corps, à Paris, le 31 décembre.

Ou : Parti de Châlons-sur-Saône (Saône-et-Loire) le 21; arrivé au corps, à Paris, le 1er novembre.

Ou : Parti de l'école le 7 octobre, ayant reçu l'ordre de rejoindre immédiatement; arrivé à Strasbourg le 23 dudit.

3. Venu du 9e régiment d'infanterie de ligne, où il était capitaine de 1re classe; nommé chef de bataillon par ordonnance royale du 15 octobre, lettre d'avis du 17; parti d'Orléans le 21; arrivé au corps, à Paris, le 25 dudit.

4. Venu du 57° régiment d'infanterie de ligne, où il était chef de bataillon; nommé lieutenant-colonel par ordonnance royale du 2 octobre, lettre d'avis du 5; parti d'Angoulême le 18; a obtenu de M. le maréchal-de-camp commandant le département d'Indre-et-Loire une permission du 17 au 31 dudit inclus, pour séjourner à Tours; parti de cette place le 1er novembre; arrivé au corps, à Paris, le 9 dudit.

5. Venu du 16e régiment d'infanterie de ligne, où il était adjudant-major; capitaine de 2° classe; nommé chef de bataillon par ordonnance royale du 12 septembre, lettre d'avis du 14; parti de Lyon le 21; entré à l'hôpital d'Auxerre le 29 août dudit, sorti le 15 octobre; arrivé au corps, à Paris, le 18 dudit.

6. Venu du 1er régiment d'infanterie légère, où il était capitaine de carabiniers; nommé chef de bataillon par ordonnance royale du 11 août, lettre d'avis du 13; était parti de Mâcon le 28 juillet pour aller aux eaux de Bourbonne (Haute-Marne); entré à l'hôpital de cette place le 6 août, sorti le 25 septembre; arrivé au corps, à Paris, le 5 octobre.

7. Venu du 20e régiment d'infanterie de ligne, où il était capitaine de 2e classe chargé de l'habillement; nommé chef de bataillon par ordonnance royale du 20 septembre,

septembre, lettre d'avis du 23; était parti de Bordeaux le 19 pour aller aux élections *ou* à la session du conseil général du département de la Dordogne; arrivé à Périgueux le 22; parti de cette place le 27, les élections *ou* la session du conseil-général ayant été closes le 26 dudit; arrivé au corps, à Paris, le 13 octobre.

8. Venu du 10e régiment d'infanterie de ligne, où il était trésorier capitaine de première classe; nommé major par ordonnance royale du 2 décembre, lettre d'avis du 5; parti de Lille le 9; arrivé au corps, à Paris, le 14 dudit. Était en congé de 2 mois, à Lille, du 1er novembre, valable jusqu'au 31 décembre inclus, suivant décision ministérielle du 20 octobre. A reçu l'ordre de rejoindre sans délai.

9. Venu du 9e régiment d'infanterie légère, suivant lettre ministérielle du 3 octobre; parti de Dunkerque (Nord) le 11; arrivé au corps, à Paris, le 19 dudit.

10. Venu du 14e régiment d'infanterie de ligne, par permutation avec M......., suivant lettre ministérielle du 26 octobre; parti de Limoges le 1er novembre; arrivé au corps, à Paris, le 14 dudit.

11. Venu du 5e régiment d'infanterie légère, où il était capitaine de 1re classe, par permutation avec M......., capitaine de 2e classe, suivant lettre ministérielle du 13 no-

vembre; parti de Nancy le 17; arrivé au corps, à Paris, le 29 dudit.

Sans rappel, ayant dépassé les délais déterminés par sa feuille de route.

12. Venu, le 16 octobre, des sergents de la 4e compagnie du 1er bataillon, no 5, ayant été nommé sous-lieutenant par ordonnance royale du 10; lettre d'avis du 12, parvenue au corps le 15 dudit.

13. Venu, le 4 novembre, du petit état-major, où il était adjudant-sous-officier, n° 2, nommé sous-lieutenant par ordonnance royale du 30 octobre, lettre d'avis du 31 dudit.

Était à l'hôpital du Gros-Caillou (Paris) du 25 septembre, sorti le 11 novembre; reconnu dans son nouveau grade ledit jour.

Voir à l'article des sous-officiers pour le rappel des journées d'hôpital, du 25 septembre au 10 novembre inclus.

14. Venu, le 15 décembre, de la 1re compagnie du 2e bataillon, où il était sergent-major, n° 2; nommé sous-lieutenant par ordonnance royale du 10 décembre, lettre d'avis du 12 dudit.

Était à l'hôpital de Périgueux du 4 octobre, sorti le 8 décembre; arrivé à la compagnie, à Paris, le 24, reconnu dans son nouveau grade le 25 dudit.

Ou : Était parti de Paris le 1er octobre, en vertu d'un congé de semestre valable jusqu'au 31 décembre inclus, pour aller à

Cluny (Saône-et-Loire); en est parti le 17; arrivé à la compagnie, à Paris, le 30; reconnu dans son nouveau grade le 31 dudit.

Voir à l'article des sous-officiers pour le rappel des journées de solde sans vivres, du 8 au 24 décembre inclus; et pour celles de prime d'entretien de la masse individuelle, du 4 octobre au 24 décembre inclus.

Ou : Pour le rappel des journées de solde de congé et celles de prime d'entretien de la masse individuelle, du 1er octobre au 31 décembre inclus.

15. Venu, pour son grade, de la 1re compagnie du 1er bataillon, le 16 octobre, suivant autorisation de M. le lieutenant-général commandant la 1re division militaire, en date du 14 dudit.

16. Venu, le 4 octobre, de la 6e compagnie du 1er bataillon, où il était capitaine de 2e classe, suivant décision de M. le lieutenant-général commandant la 1re division militaire, en date du 3 dudit. Était à l'hôpital du Val-de-Grâce (Paris) du 20 septembre, sorti le 15 octobre; reçu capitaine de grenadiers ledit jour.

17. Venu de la 5e compagnie du 2e bataillon, où il était lieutenant de 1re classe; nommé capitaine par ordonnance royale du 27 octobre, lettre d'avis du 30 dudit, parvenue au corps le 2 novembre; reconnu dans son nouveau grade le 3 dudit.

18. *Ou* : Venu le 16 novembre, des voltigeurs du 2ᵉ bataillon où il était sous-lieutenant; nommé lieutenant par ordonnance royale du 11, lettre d'avis du 13 dudit. Était à l'hôpital du Gros-Caillou (Paris) du 26 octobre, sorti le 26 novembre; reconnu dans son nouveau grade ledit jour.

Ou : Était parti de Paris le 1ᵉʳ avril, en vertu d'un congé de convalescence de trois mois, valable jusqu'au 30 juin inclus, pour aller à Rouen; entré à l'hôpital de cette place le 17; a obtenu de M. le lieutenant-général commandant la 14ᵉ division militaire une prolongation de trois mois au même titre, valable jusqu'au 30 septembre inclus, pour aller à Caen; sorti de l'hôpital le 16 juillet; entré à celui de Caen le 20 septembre, sorti le 5 octobre; rentré à la compagnie, à Paris, le 12; reconnu dans son nouveau grade le 13 dudit.

19. Venu de la 2ᵉ compagnie du 3ᵉ bataillon, où il était sous-lieutenant; nommé lieutenant par ordonnance royale du 4 novembre, lettre d'avis du 5; parti de Soissons (Aisne) le 8; arrivé à la compagnie, à Paris, le 11 dudit.

20. Venu, le 10 octobre, de la 3ᵉ compagnie du 2ᵉ bataillon, où il était capitaine de 2ᵉ classe, par permutation avec M........, adjudant-major capitaine de 1ʳᵉ classe, suivant lettre ministérielle du 6 dudit.

21. Venu, le 1er novembre, des grenadiers du 3e bataillon, où il était lieutenant ; nommé capitaine par ordonnance royale du 25 octobre, lettre d'avis du 26 dudit ; retenu à Soissons du 1er novembre au 15 décembre par ordre de M. le lieutenant-général commandant la 1re division militaire, en date du 27 octobre ; parti de cette place le 16 décembre ; arrivé à la compagnie, à Paris, le 19 dudit.

PERTES.

22. Démission acceptée par décision royale du 25 septembre, lettre d'avis du 28, parvenue au corps et notifiée au démissionnaire le 2 octobre ; parti le 5 dudit.

23. Entré à l'hôpital du Gros-Caillou (Paris) le 6 octobre ; démission acceptée par décision royale du 1er novembre, lettre d'avis du 2, parvenue au corps le 5, et notifiée au démissionnaire le 6 ; rayé le 7 dudit.

24. Était à l'hôpital de Chartres du 3 septembre ; démission acceptée par décision royale du 6 octobre, lettre d'avis du 8, parvenue au corps le 11, et notifiée au démissionnaire le 13 ; rayé le 15 dudit.

25. Parti de Paris le 1er octobre, en vertu d'un congé de semestre valable jusqu'au 31 mars inclus, pour aller à Fécamp (Seine-Inférieure) ; démission acceptée par décision royale du 17 décembre, lettre d'avis du 19,

parvenue au corps le 22 ; rayé le 25 dudit.

26. Ecroué à la prison militaire de l'Abbaye ou de la prison civile de la Conciergerie (Paris) le 2 octobre ; mis en jugement le 10 dudit ; condamné le 16 novembre par jugement du 2ᵉ conseil de guerre permanent de la 1ʳᵉ division militaire, ou par la cour d'assises ou par le tribunal de 1ʳᵉ instance de la Seine, à (indiquer ici la durée de la peine afflictive ou infamante, ou de la peine correctionnelle entraînant la perte du grade); rayé le 21 dudit.

27. Ecroué à la prison militaire de l'Abbaye (Paris) le 3 novembre ; mis en jugement le 15 dudit ; destitué le 1ᵉʳ décembre, par jugement du 1ᵉʳ conseil de guerre permanent de la 1ʳᵉ division militaire ; rayé le 4 dudit.

28. Mis en non-activité (par licenciement, suppression d'emploi, rentrée de captivité à l'ennemi, retrait *ou* suspension d'emploi, *ou* pour infirmités temporaires) par décision royale du 14 octobre, lettre d'avis du 16, parvenue au corps le 20 ; parti le 22 dudit.

29. Admis à la solde de réforme, *ou* réformé sans traitement, pour infirmités incurables, *ou* par mesure de discipline, par décision royale du 7 novembre, lettre d'avis du 10, parvenue au corps le 15 ; parti le 17 dudit.

30. Admis à la pension de retraite par ordonnance royale du 28 septembre, lettre

d'avis du 1er octobre, parvenue au corps le 5 ; parti le 7 dudit.

31. Etait à l'hôpital du Gros-Caillou (Paris) du 1er septembre.

Ou : Etait parti de Paris le 16 septembre, en vertu d'une permission d'un mois, valable jusqu'au 15 octobre inclus, pour aller à Clermont (Oise). Admis à la pension de retraite par ordonnance royale du 5, lettre d'avis du 7, parvenue au corps le 10 ; rayé le 11 dudit.

32. Entré à l'hôpital de Soissons (Aisne) le 21 octobre ; mort le 31 ; rayé le 1er novembre.

33. Mort dans son logement, à Soissons (Aisne), le 12 décembre ; rayé le 13 dudit.

34. Mort, par suite de blessures reçues sur le champ de bataille, à Constantine (Afrique), le 4 décembre ; rayé le 5 dudit.

Ou : Mort, par suite de blessures reçues dans un service commandé, à Bourbon-Vendée, le 4 octobre ; rayé le 5 dudit.

Ou : Mort des suites d'une maladie contagieuse, *ou* endémique, à Bône (Afrique), le 4 novembre ; rayé le 5 dudit.

35. Etait parti de Paris le 28 septembre, en vertu d'une permission de trente jours, valable jusqu'au 27 octobre inclus, pour aller à Châteaudun (Eure-et-Loir) ; mort dans cette place le 25 ; rayé le 1er novembre.

36. Tué sur le champ de bataille à Oran (Afrique), le 4 décembre ; rayé le 8 dudit.

Ou : Tué dans un service commandé, à

Quimper, le 4 décembre; rayé le 5 dudit.

37. Passé au 4º régiment d'infanterie de ligne le 16 octobre, ayant été nommé chef de bataillon par ordonnance royale du 5, lettre d'avis du 9, parvenue au corps le 12 dudit.

38. Était à l'hôpital du Val-de-Grâce (Paris) du 26 septembre.

Ou : Parti de Paris le 1er octobre en vertu d'un congé de semestre valable jusqu'au 31 décembre inclus, pour aller à Guéret; passé au 1er régiment d'infanterie légère le 28 novembre, ayant été nommé major par ordonnance royale du 22, lettre d'avis du 24, parvenue au corps le 27 dudit.

39. Passé au 2º régiment d'infanterie légère le 8 octobre, suivant lettre ministérielle du 3, parvenue au corps le 5 dudit.

40. Passé au 37º régiment d'infanterie de ligne le 9 novembre, par permutation avec M....., suivant lettre ministérielle du 3, parvenue au corps le 6 dudit.

41. Passé avec son grade à la 4º compagnie du 2º bataillon, *ou* aux voltigeurs du 1er bataillon, le 16 octobre, suivant l'autorisation de M. le lieutenant-général commandant la 1re division militaire, en date du 14 dudit.

42. Passé à la 5º compagnie du 1er bataillon le 5 novembre, ayant été nommé capitaine par ordonnance royale du 27 octobre,

lettre d'avis du 30 dudit, parvenue au corps le 2 novembre.

43. Entré à l'hôpital du Gros-Caillou (Paris) le 26 octobre.

Ou : Etait parti de Paris le 1er avril, en vertu d'un congé de convalescence de trois mois, valable jusqu'au 30 juin inclus, pour aller à Rouen ; entré à l'hôpital de cette place le 17 ; a obtenu de M. le lieutenant-général commandant la 14e division militaire une prolongation de trois mois, au même titre, valable jusqu'au 30 septembre inclus, pour aller à Caen.

Ou : Était détaché au dépôt de recrutement et de réserve du départemnt du Morbihan du 25 octobre 1836.

Ou : Parti de Paris le 1er octobre, pour aller en mission à Lyon, d'après les ordres du ministre de la guerre, en date du 27 septembre, *ou* de M. le lieutenant-général commandant la 1re divison militaire, en date du 29 septembre.

Passé à la 2e compagnie du 2o bataillon le 16 novembre, ayant été nommé lieutenant par ordonnance royale du 11, lettre d'avis du 15, parvenue au corps le 15 dudit.

44. Passé à la 4e compagnie dn 1er bataillon le 1er novembre, ayant été nommé capitaine par ordonnance royale du 25 octobre, lettre d'avis du 26, parvenue à Soissons (Aisne) le 31 dudit ; reconnu dans son pou-

veau grade le 1er novembre; retenu à Soissons par ordre de M. le lieutenant-général
commandant la 1re division militaire, en date
du 30 octobre.

MUTATIONS N'AFFECTANT PAS L'EFFECTIF.

45. Entré à l'hôpital du Gros-Caillou (Paris) le 3 octobre, sorti le 6 novembre.

46. Parti de Soissons (Aisne) pour l'hôpital
du Val-de-Grâce (Paris), le 5 octobre; entré
audit hôpital le 9, sorti le 2 novembre; rentré à la compagnie, à Soissons, le 3 dudit.

47. Etait à l'hôpital du Gros-Caillou (Paris)
du 1er août; a obtenu, par décision ministérielle du 20 septembre, un congé de convale-
lescence de trois mois, dont deux mois avec
solde de présence, valable jusqu'au 31 décembre inclus, pour aller à Ruffec (Charente);
sorti de l'hôpital et parti le 1er octobre; parti
de Ruffec le 26 décembre; rentré à la compagnie, à Paris, le 30 dudit.

48. Etait à l'hôpital de Soissons (Aisne) du
20 août; a obtenu de M. le lieutenant-général commandant la 1re division militaire un
congé de convalescence de deux mois, valable
jusqu'au 15 décembre inclus, pour aller à La
Flèche (Sarthe); sorti de l'hôpital et parti le
16 octobre; a obtenu de M. le lieutenant-
général commandant la 4e division militaire
une prolongation de quinze jours au même

litre, valable jusqu'au 29 décembre inclus, pour séjourner à La Flèche; parti de cette place le 27; rentré à la compagnie, à Soissons, le 29 dudit.

49. Etait parti de Paris le 20 juillet pour l'hôpital de Barèges (Hautes-Pyrénés); entré à l'hôpital de cette place le 4 août; a obtenu de M. le lieutenant-général commandant la 20° division militaire un congé de convalescence de deux mois, valable jusqu'au 24 novembre inclus, pour aller à Mirande (Gers); sorti de l'hôpital le 25 septembre; rentré à la compagnie, à Paris, le 28 novembre.

A justifié n'avoir pu se mettre en route que le 25 novembre, pour cause de maladie, par un certificat, en date du 24, de l'officier de santé de l'hôpital de Mirande, visé par le maire et revêtu du visa motivé du sous-intendant militaire du département du Gers;

Ou : Par un certificat, en date du 24, des officiers de santé en chef de l'hôpital militaire d'Auch, visé par le sous-intendant militaire.

50. Parti de Paris le 6 novembre en vertu d'une permission de 15 jours, valable jusqu'au 20 inclus, pour aller à Louviers (Eure); rentré à la compagnie, à Paris, ledit jour.

51. Etait parti de Paris le 1er juillet, en vertu d'un congé de deux mois, valable jusqu'au 31 août inclus, suivant décision ministérielle du 25 juin, pour aller à Cressy (Som-

me); a obtenu, par décision ministérielle du 26 août, une prolongation d'un mois, valable jusqu'au 30 septembre inclus, pour séjourner à Cressy; entré à l'hôpital d'Amiens le 25 dudit; a obtenu de M. le lieutenant-général commandant la 16° division militaire une prolongation de deux mois à titre de convalescence, valable jusqu'au 30 novembre inclus, pour aller à Lille; sorti de l'hôpital le 24 octobre; parti de Lille le 23 novembre; rentré à la compagnie, à Paris, le 30 dudit.

52. Était parti de Paris le 16 août, en vertu d'un congé de six semaines avec solde de présence, valable jusqu'au 30 septembre inclus, suivant décision ministérielle du 10 août, pour prendre les bains de mer à Dieppe (Seine-Inférieure); arrivé dans cette place le 18 dudit; parti le 28 septembre; rentré à la compagnie, à Paris, le 3 octobre.

Sans rappel, ayant dépassé le terme de son congé.

53. Parti de Soissons (Aisne) le 21 octobre, en vertu d'un congé de deux mois avec solde de présence, valable jusqu'au 20 décembre inclus, suivant décision ministérielle du 16 octobre, pour se faire recevoir docteur en médecine; arrivé à Paris le 22 dudit, parti et rentré à Soissons le 20 décembre.

54. Était parti de Soissons (Aisne) le 27 septembre, pour subir les examens exigés pour être admis à l'école d'application du

corps royal d'état-major, suivant décision ministérielle du 24; arrivé à Paris le 30 dudit; parti de cette place le 1er décembre; rentré à la compagnie, à Soissons, le 2 dudit.

Ou : Parti de cette place le 1er décembre, en vertu d'un congé de semestre valable jusqu'au 31 mars inclus, pour aller à Châtelaudren (Côtes-du-Nord); admis à l'école par lettre ministérielle du 12 décembre; parti de Châtelaudren le 27; arrivé à Paris le 31 dudit.

55. Était parti de Paris le 16 juillet en vertu d'un congé de deux mois, valable jusqu'au 15 octobre inclus, suivant décision ministérielle du 10 juillet, pour aller à Fleuré (Vienne); a été compris pour un congé de semestre valable du 1er octobre au 31 décembre inclus, sur l'état arrêté le 20 septembre par M. l'inspecteur général, pour séjourner à Fleuré; en est parti le 25; rentré à la compagnie, à Paris, le 30 dudit.

56. Parti de Paris le 3 décembre, en vertu d'un congé de convalescence de trois mois, valable jusqu'au 2 mars inclus, pour aller à Champeaux (Seine-et-Marne); en est parti et rentré à la compagnie, à Paris, ledit jour.

57. Était parti de Paris le 1er mai, en vertu d'un congé de convalescence de trois mois, valable jusqu'au 31 juillet inclus, pour aller à Loisey (Meuse); a obtenu de M. le lieutenant-général commandant la 2e division mi-

litaire une prolongation de même durée et au même titre, valable jusqu'au 31 octobre inclus, pour séjourner à Loisey ; entré à l'hôpital de Bar-le-Duc le 4 dudit ; a obtenu une seconde prolongation de deux mois au même titre, valable jusqu'au 31 décembre inclus, suivant décision ministérielle du 20 octobre, pour séjourner à Bar-le-Duc ; sorti de l'hôpital le 24 dudit ; parti de Bar-le-Duc le 22 décembre ; rentré à Paris le 30 ; parti et arrivé à la compagnie, à Soissons (Aisne) le 31 dudit.

58. Était parti de Limoges le 3 septembre, en vertu d'un congé de convalescence de trois mois, valable jusqu'au 2 décembre inclus, pour aller aux Sables (Vendée) ; parti de cette place le 23 novembre ; arrivé à Niort le 26 ; dirigé sur Paris, nouvelle garnison du corps, le 27 ; arrivé à la compagnie le 11 décembre.

Ou : Rentré à Limoges le 2 décembre ; parti le 3 ; arrivé à la compagnie, à Paris, le 5 dudit.

59. Parti de Paris le 1er octobre en vertu d'un congé de semestre valable jusqu'au 31 décembre inclus, pour aller à Brantôme (Dordogne) ; parti de cette place le 26 ; rentré à la compagnie, à Paris, le 30 dudit.

Ou : A obtenu de M. le lieutenant général commandant la 11e division militaire une prolongation de trois mois au même titre, valable jusqu'au 31 mars inclus, pour séjourner à Brantôme; en est parti le 21 ; rentré à la compagnie, à Paris, le 29 dudit.

60. Parti de Paris le 1er octobre, en vertu d'un congé de semestre valable jusqu'au 31 décembre inclus, pour aller à Pithiviers (Loiret); parti de cette place le 12, pour aller en témoignage à Orléans ; arrivé ledit jour; parti le 15, ayant fait sa déposition le 14; rentré à Pithiviers ledit jour, et à la compagnie, à Paris, le 31 dudit.

Ou : Parti le 15, ayant fait sa déposition le 14 ; rentré à la compagnie, à Paris, le 19 dudit.

61. Parti de Paris le 4 octobre, en vertu d'un congé de semestre valable jusqu'au 31 mars inclus, pour aller à Vierville (Manche). N'a pu jouir de son congé qu'à compter du 4 octobre pour cause de maladie, suivant certificat délivré le 3 par le chirurgien-major, visé par le colonel et par le maréchal-de-camp commandant la brigade.

62. Parti de Paris le 1er novembre, en vertu d'un congé de semestre valable jusqu'au 31 mars inclus, pour aller à Fleuré (Orne). A été retenu pour le service, du 1er au 31 octobre, par ordre du commandant du corps, approuvé le 29 septembre par M. le lieutenant-général commandant la 1re division militaire.

Ou : A été autorisé à différer son départ

jusqu'au 31 octobre inclus, d'après la demande du commandant du corps, approuvée le 29 septembre par M. le lieutenant-général commandant la 1re division militaire.

63. Parti de Paris le 1er octobre, en vertu d'un congé de semestre valable jusqu'au 31 mars inclus, pour aller à Moulins; a reçu le 16 novembre l'ordre de rejoindre sans délai, par suite de la décision ministérielle du 10; parti de Moulins le 17; rentré à la compagnie, à Paris, le 21 dudit.

64. Parti de Soissons (Aisne) le 1er octobre, en vertu d'un congé de semestre valable jusqu'au 30 novembre inclus, pour aller à Lons-le-Saulnier; parti de cette place le 20; entré à l'hôpital de Troyes le 28; sorti le 9 décembre; rentré à la compagnie, à Soissons, le 11 dudit.

Ou : Parti de cette place le 20; entré à l'hôpital de Sézanne (Marne) le 29, sorti le 3 décembre; rentré à la compagnie, à Soissons, le 6 dudit; sans rappel, n'ayant pas rejoint dans les délais.

65. Parti de Paris le 16 octobre pour aller en témoignage à Caen; arrivé dans cette place le 23; parti le 27, ayant fait sa déposition le 26; rentré à la compagnie, à Paris, le 3 novembre;

Ou : Rentré à la compagnie, à Paris, le 4 novembre.

Sans rappel, ayant dépassé les délais déterminés par sa feuille de route.

66. Etait à la session de la Chambre des Pairs *ou* de la Chambre des Députés du 20 décembre 1836; parti de Paris le 16 juillet, la session ayant été close le 15; rentré au corps, à Lyon, le 31 dudit.

67. Etait parti de Paris le 29 septembre pour aller aux élections *ou* à la session du conseil-général du département du Pas-de-Calais; arrivé à Arras le 4 octobre; parti de cette place le 9, les élections *ou* la session du conseil-général ayant été closes le 3; rentré à la compagnie, à Paris, le 15 dudit.

68. Parti de Paris le 1er novembre, pour conduire à Besançon un détachement de jeunes soldats destinés pour le 47e régiment d'infanterie de ligne; arrivé dans cette place le 19; parti le 20; rentré à la compagnie, à Paris, le 3 décembre.

Ou: Arrivé dans cette place le 19; a obtenu de M. le lieutenant-général commandant la 6e division militaire une permission du 20 dudit au 4 décembre inclus, pour séjourner à Besançon; parti de cette place le 5; rentré à la compagnie, à Paris, le 18 dudit;

Ou: Parti le 20; entré à l'hôpital de Dijon le 23; sorti le 30; rentré à la compagnie, à Paris, le 10 décembre.

69. Parti de Paris le 7 décembre, pour conduire un détachement du 3e bataillon du

corps stationné à Soissons (Aisne); arrivé dans cette place le 10, parti le 11; rentré à la compagnie, à Paris, le 14 dudit.

A marché en détachement du 7 au 10, et isolément du 11 au 14 décembre inclus.

70. Ecroué à la prison de l'Abbaye (Paris) le 6 octobre; mis en jugement le 10 dudit; acquitté le 24 novembre, par jugement du 1er conseil de guerre permanent de la 1re division militaire; rentré à la compagnie, à Paris, ledit jour;

Ou : Sorti de prison, et rentré à la compagnie, à Paris, le 25 dudit.

Ou : Parti pour Soissons (Aisne) le 25; arrivé à la compagnie le 28 dudit.

71. Parti de Soissons (Aisne) le 3 décembre, pour faire partie du conseil d'enquête de régiment convoqué à Paris pour le 7; arrivé dans cette place le 4, parti le 8; rentré à la compagnie, à Soissons, le 11 dudit.

72. Parti de Soissons (Aisne) le 16 novembre, pour passer devant le conseil d'enquête de régiment, qui doit s'assembler à Paris le 20; arrivé dans cette place le 19; parti et rentré à la compagnie, à Soissons, le 21 dudit.

73. Etait détaché à Paris du 1er août, comme rapporteur du 2e conseil de guerre permanent de la 1re division militaire; parti de cette place le 16 octobre, ayant cessé ses

fonctions le 15; arrivé à la compagnie, à Soissons (Aisne), le 19 dudit.

74. Etait sous-lieutenant à la compagnie; nommé lieutenant par ordonnance royale du 26 septembre, lettre d'avis du 29, parvenue au corps le 3 octobre; reconnu dans son nouveau grade le 4 dudit.

75. Passé lieutenant à la compagnie le 4 octobre, ayant été nommé à ce grade par ordonnance royale du 26 septembre, lettre d'avis du 29, parvenue au corps le 3 octobre.

76. Monté à la première classe de son grade le 16 octobre, par suite du classement arrêté le 15 dudit par M. l'inspecteur général.

77. Entré à l'hôpital du Val-de-Grâce (Paris) le 6 octobre; monté à la première classe de son grade, par suite du classement arrêté le 15 dudit par M. l'inspecteur général; sorti de l'hôpital le 1er novembre. A droit à la solde de lieutenant de 1re classe dudit jour.

78. A marché en détachement, du 6 au 9 octobre inclus, de Paris à Soissons (Aisne).

79. A marché en détachement, du 16 au 25 novembre inclus, de Paris à La Flèche (Sarthe); a parcouru le 25 deux distances, d'étapes, en vertu des ordres du ministre de la guerre, ou de M. le lieutenant-général commandant la 4e division militaire, en date du 23 dudit.

80. Parti de Paris le 16 octobre, pour être employé au dépôt de recrutement et de ré-

serve du département de l'Ain, suivant décision ministérielle du 9, parvenue au corps le 13 dudit.

81. Parti de Soissons (Aisne) le 1er octobre, en vertu d'un congé de semestre valable jusqu'au 31 mars inclus, pour aller à Vesoul; a reçu dans cette place la solde de congé du 1er octobre au 30 décembre inclus.

82. Détaché à Cherbourg (Manche) du 1er août, comme rapporteur du 1er conseil de guerre permanent de la 14° division militaire; a reçu à Cherbourg la solde et l'indemnité de logement pour les mois d'août et septembre.

83. Logé dans les bâtiments militaires meublés *ou* non meublés, du 1er au 30 octobre inclus, *ou* pendant le trimestre.

84. Fait prisonnier de guerre à Oran (Afrique) le 6 octobre.

TABLE ANALYTIQUE

DES

FORMULES DE MUTATIONS

POUR SOUS-OFFICIERS,

caporaux, soldats et enfants de troupe.

GAINS.

1. Jeune soldat, substituant *ou* remplaçant, arrivé au corps en détachement.
2. Jeune soldat retardataire incorporé sur les lieux et jugé suceptible de réforme.
3. Jeune soldat devançant l'appel, arrivé au corps isolément.
4. Engagé volontaire sur les lieux, ayant des services antérieurs qui donnent droit à la haute-paye d'ancienneté.
5. Engagé volontaire arrivé au corps isolément.
6. Admis comme maître ouvrier gagiste.
7. Admis comme musicien gagiste.

8. Admis comme remplaçant d'un militaire sous les drapeaux.
9. Rappelé de congé illimité, arrivé isolément.
10. Déserteur ramené au corps par la gendarmerie, mis en jugement et acquitté.
11. Déserteur amnistié rentré, arrivé au corps isolément.
12. Prisonnier de guerre rentré, arrivé au corps isolément.
13. Enfant de troupe engagé volontairement à l'âge de dix-huit ans.
14. Enfant de troupe admis.
15. Venu d'un autre corps, ayant droit à la haute-paye journalière d'ancienneté.
16. Venu d'un autre corps, étant en subsistance dans le corps.
17. Venu d'un autre corps, arrivé isolément.
18. Maître armurier venant d'une manufacture royale d'armes, arrivé isolément.
19. Venu d'un autre corps, ayant été en semestre et à l'hôpital.
20. Venu d'un autre corps, sortant d'un atelier de condamnés au boulet *ou* aux travaux publics, arrivé isolément.
21. Venu d'un autre corps, entré à l'hôpital en route, et n'étant pas arrivé dans les délais.
22. Venu d'un autre corps, ayant obtenu une permission, étant rentré dans les délais, *ou* étant en retard.

23. Venu d'une autre compagnie du corps.
24. Venu d'une autre compagnie du corps par promotion.
25. Venu d'une autre compagnie du corps par promotion, étant à l'hôpital ou en congé.
26. Venu d'une autre compagnie du corps par promotion, venant d'une portion du corps détachée.
27. Venu d'une autre compagnie du corps par promotion, ayant été retenu à son ancien poste.

PERTES.

28. Admis à la pension de retraite, étant présent au corps.
29. Admis à la pension de retraite, étant à l'hôpital, en congé *ou* en recrutement.
30. Réformé pour infirmités postérieures à l'arrivée au corps.
31. Renvoyé pour infirmités antérieures à l'arrivée au corps.
32. Renvoyé par suite d'annulation de son acte d'engagement.
33. Réformé étant à l'hôpital.
34. Libéré.
35. Renvoyé dans ses foyers par anticipation, *ou* par congé illimité.
36. Congédié comme gagiste.
37. Remplacé par un militaire sous les drapeaux.

38. Déserté.
39. Rayé pour cause de longue absence.
40. Mis en jugement et condamné à une peine entraînant radiation des contrôles.
41. Fait prisonnier de guerre.
42. Mort étant à l'hôpital.
43. Mort à la chambre *ou* par suite de blessures, etc.
44. Mort étant en semestre.
45. Tué sur le champ de bataille *ou* dans un service commandé.
46. Enfant de troupe rayé pour diverses causes.
47. Passé à un autre corps.
48. Passé à une compagnie de discipline.
49. Condamné gracié, *ou* ayant subi sa peine, passé aux bataillons d'infanterie légère d'Afrique.
50. Passé sous-lieutenant dans une autre compagnie du corps, étant présent.
51. Passé sous-lieutenant, étant à l'hôpital du lieu, à l'hôpital externe, *ou* en congé.
52. Passé à une autre compagnie du corps.
53. Passé à une autre compagnie du corps par promotion.
54. Passé à une autre compagnie du corps par promotion, et allant rejoindre dans une autre garnison.
55. Passé à une autre compagnie du corps par promotion, retenu à son ancien poste.

56. Passé à une autre compagnie du corps par promotion, étant en permission.
57. Cassé de son grade, passé dans une autre compagnie du corps.
58. Descendu à un grade inférieur sur sa demande, passé dans une autre compagnie du corps.
59. Enfant de troupe, passé dans une autre compagnie pour faire titulairement le service de tambour, à l'âge de quatorze ans.
60. Enfant de troupe, passé tambour dans une autre compagnie, s'étant engagé volontairement à l'âge de dix-huit ans.

MUTATIONS N'AFFECTANT PAS L'EFFECTIF.

61. Entré à l'hôpital du lieu et sorti du même hôpital.
62. Parti pour l'hôpital externe et rentré du même hôpital.
63. Rentré à l'expiration d'un congé de convalescence obtenu à sa sortie de l'hôpital externe.
64. Rentré à l'expiration d'un congé de convalescence obtenu à sa sortie de l'hôpital du lieu et prolongé ensuite.
65. Parti pour une établissement d'eaux thermales, rentré dans *ou* après les délais, ayant justifié de son retard, et ayant été

en permission à sa sortie de l'établissement.

66. Parti en vertu d'une permission, rentré
dans *ou* après les délais, *ou* ayant obtenu une prolongation.

67. Parti en vertu d'un congé de convalescence ; rentré à l'ancienne garnison et
dirigé sur celle de sa compagnie, ayant
été appelé en témoignage pendant la
durée du son congé.

68. Parti en vertu d'un congé de six mois.

69. Parti en vertu d'un congé de semestre ;
rentré avec *ou* sans prolongation, ayant
été aux hôpitaux en route, etc.

70. Semestrier rappelé avant l'époque de
l'expiration de son congé.

71. Semestrier entré aux hôpitaux en route,
soit en allant dans ses foyers, soit en revenant au corps ; rentré dans *ou* après
les délais, ayant justifié de son retard, etc.

72. Parti en vertu d'un congé de deux mois,
et rentré dans les délais.

73. Parti en vertu d'un congé de deux mois,
prolongé à titre de semestre.

74. Semestrier rentrant à l'ancienne garnison,
ou dirigé, étant en route, sur le lieu de
la nouvelle garnison.

75. Allant en témoignage et rentrant au
corps.

76. Détaché pour conduire des recrues, ayant

obtenu une permission, *ou* étant entré à l'hôpital avant son retour au corps.

77. En détachement, rentrant isolément après les délais.
78. Manquant à l'appel, rentré volontairement, sortant de l'hopital, *ou* ramené par la gendarmerie. .
79. Manquant à l'appel, rentré volontairement *ou* ramené par la gendarmerie.
80. Manquant à l'appel. ramené par la gendarmerie, mis en jugement et condamné.
81. Mis en jugement pour un motif quelconque autre que la désertion , acquitté *ou* condamné, et rentré après l'expiration de sa peine.
82. Rentré après avoir subi la peine de l'emprisonnement.
83. Parti pour être employé dans un dépôt de recrutement.
84. Promu sans changement de compagnie.
85. Rétrogradé volontairement sans changer de compagnie.
86. Cassé de son grade sans changer de compagnie.
87. Enfant de troupe admis, à quatorze ans, à faire titulairement le service de tambour.
88. En détachement.
89. En détachement, ayant parcouru deux distances d'étapes dans le même jour.

90. Admis à la haute-paye journalière d'ancienneté de l'un ou de l'autre degré.
91. Admis à la haute-paye avec rappel de différence de haute-paye pour services justifiés.
92. Rappelé du complément de première mise de petit équipement.

SOUS-OFFICIERS,

SOLDATS ET ENFANTS DE TROUPE.

GAINS.

1. Jeune soldat, *ou* substituant, *ou* remplaçant, du département de la Haute-Garonne, arrivé au corps, à Paris, en détachement, le 4 novembre.

2. Jeune soldat retardataire, du département de la Seine, incorporé le 1er octobre.

N'a droit qu'à la première mise provisoire de petit équipement, ayant été jugé susceptible de réforme.

3. Jeune soldat, du département du Gers, arrivé au corps, à Paris, le 20 octobre.

4. Engagé volontaire à la mairie du 10e

arrondissement de Paris, le 11 octobre; incorporé ledit jour. A droit à la haute-paye journalière d'un chevron , ayant justifié de sept années de service effectif.

5. Engagé volontaire à la mairie de Vitteaux (Côte-d'Or), le 22 septembre; arrivé au corps, à Paris, le 1er octobre.

6. Maître ouvrier gagiste admis au corps comme engagé, pour quatre ans, le 6 décembre, devant le conseil d'administration.

7. Musicien gagiste admis au corps comme engagé pour trois ans, le 25 octobre, devant le conseil d'administration.

8. Admis au corps le 7 octobre comme remplaçant de N....., caporal à la 4e compagnie du 2e bataillon, n° 21 , suivant autorisation de M. le maréchal de camp commandant la 2e brigade des troupes d'infanterie de la 1re division militaire , en date du 4 dudit.

9. Venu des hommes en congé illimité dans le département de la Vendée suivant lettre ministérielle du 4 octobre. Parti de Luçon (Vendée) le 16; arrivé au corps, à Paris, le 2 novembre.

10. Etait déserté le 16 février (fusiliers de la 1re compagnie du 2e bataillon, n° 132); rayé le 16 août; arrêté par la gendarmerie le 27 septembre; ramené au corps et écroué à la prison de l'Abbaye (Paris) le 23 octobre; mis en jugement; acquitté par le premier

conseil de guerre permanent de la 1re division militaire, le 16 septembre; sorti de prison et rentré à la compagnie le 17.

11. Etait déserté le 1er mars (caporaux de la 4e compagnie du 1er bataillon n° 24 ; rayé le 1er septembre; amnistié par l'ordonnance royale du 26 dudit; parti de Poitiers le 16 octobre; arrivé au corps, à Paris, le 27.

12. Rentré des prisons de.... (indiquer la puissance), par cartel d'échange ou sur parole; avait le n° 43 au registre particulier des prisonniers de guerre; parti de (indiquer la place frontière, le....; arrivé au corps, à Paris, le 15 novembre.

13. Venu, le 12 octobre, des enfants de troupe de la présente compagnie; n° 49, faisant titulairement le service de tambour ; a contracté un engagement volontaire à la mairie du 1er arrondissement de Paris, le 11, ayant accompli sa 18e année d'âge le 10 dudit.

14. Enfant de troupe admis au corps le 16 octobre, suivant décision ministérielle du 8 dudit.

Ou : Suivant autorisation de M. l'inspecteur général, *ou* de M. le lieutenant général commandant la 1re division militaire, en date du 14 dudit.

15. Venu du 5e régiment d'infanterie de ligne, le 7 octobre, suivant décision ministérielle du 3. A payer du 7 dudit.

A droit à la haute-paye journalière de trois chevrons, ayant justifié de 15 années de service effectif.

16. Venu du 28° régiment d'infanterie de ligne, le 13 octobre, suivant décision ministérielle du 9; était en subsistance au corps du 22 septembre. A rappeler de la prime journalière d'entretien de la masse individuelle, à partir du 1er août, jour de son entrée à l'hôpital du Gros-Caillou (Paris).

17. Venu du 6e régiment d'infanterie légère, suivant décision ministérielle du 26 septembre; parti de Chartres le 30; arrivé au corps, à Paris, le 2 octobre.

18. Venu de la manufacture royale d'armes de Maubeuge (Nord), suivant décision ministérielle du 3 octobre; parti de cette place le 10; arrivé au corps, à Paris, le 18.

19. Venu du 60° régiment d'infanterie de ligne, suivant décision ministérielle du 3 novembre; était en congé de semestre du 1er octobre au 31 décembre inclus, à Thiviers (Dordogne); en est parti le 16; entré à l'hôpital de Châteauroux le 19, sorti le 27; arrivé au corps, à Paris, le 31 dudit.

20. Venu du 45e régiment d'infanterie de ligne, suivant décision ministérielle du 3 septembre, sortant de l'atelier des condamnés au boulet de Verdun (Meuse). Gracié

par ordonnance royale du 30 août. Parti de Verdun le 24 septembre; arrivé au corps, à Paris, le 1er octobre.

Ou : Sortant de l'atelier des condamnés aux travaux publics de Belle-Isle-en-Mer (Morbihan), à l'expiration de sa peine; parti de Belle-Isle-en-Mer le 20, arrivé au corps, à Paris, le 3 octobre.

24. Venu du 3e régiment de lanciers par ordre de M....., inspecteur général, en date dn 3 octobre; parti de Dôle (Jura) le 6; entré à l'hôpital de Dijon le 8, sorti le 16; entré à celui de Tonnerre (Yonne) le 20, sorti le 27; arrivé au corps, à Paris, le 4 novembre.

A justifié avoir été retenu les 29 et 30 octobre à Villeneuve-sur-Vannes (Yonne), pour cause de maladie.

Ou : A justifié par sa feuille de route avoir été retenu le 31 octobre à Montereau, (Seine-et-Marne), et le 3 novembre à Corbeil (Seine-et-Oise), pour attendre la voiture.

A droit au supplément de première mise de petit équipement.

22. Venu du 4e régiment de dragons par ordre de M....., inspecteur général, en date du 18 octobre; parti de Tours le 31; a obtenu de M. le maréchal-de-camp commandant le

département d'Eure-et-Loir une permission du 26 au 31 dudit inclus, pour aller à Châteauneuf (Eure-et-Loir); en est parti le 1er novembre; arrivé au corps, à Paris, le 4 dudit.

Ou : Arrivé au corps, à Paris, le 5 dudit.

Sans rappel, ayant dépassé les délais déterminés par sa feuille de route.

A droit au complément de première mise de petit équipement, n'ayant reçu dans son ancien corps que la première mise provisoire.

23. Venu pour son grade de la 2e compagnie du 1er bataillon, le 21 octobre, n° 5.

24. Venu des caporaux des voltigeurs du 2e bataillon, le 11 novembre, n° 26.

25. Venu des sergents de la 3e compagnie du 1er bataillon, le 6 novembre, n° 4; étant à l'hôpital du Gros-Caillou (Paris) du 16 octobre; sorti le 11 novembre; reçu dans son nouveau grade ledit jour.

Ou : Etant en congé de semestre du 1er octobre au 31 décembre inclus, à l'Aigle (Orne); en est parti le 21; rentré à Paris le 25; reçu dans son nouveau grade le 26 dudit.

26. Venu de la 6e compagnie du 3e bataillon, où il était sergent-fourrier, n° 16;

parti de Soissons (Aisne) le 6 octobre; arrivé à la compagnie, à Paris, le 9 dudit.

27. Venu des caporaux de la 2ᵉ compagnie du 3ᵉ bataillon, le 16 octobre, nᵒ 19; retenu à Soissons (Aisne) par ordre de M. le lieutenant-général commandant la 1ʳᵉ division militaire, en date du 15 octobre; parti de Soissons le 11 novembre; arrivé à la compagnie, à Paris, le 14 dudit.

PERTES.

28. Admis à la pension de retraite par ordonnance royale du 14 novembre, lettre d'avis du 15, parvenue au corps le 21; parti le 23 dudit.

29. Etait à l'hôpital du Val-de-Grâce (Paris) le 16 septembre.

Ou : Etait parti de Paris le 1ᵉʳ septembre, en vertu d'un congé de trois mois sans solde, valable jusqu'au 30 novembre inclus, suivant décision ministérielle du 21 août, pour aller à Arcis-sur-Aube (Aube).

Ou : Etait détaché au dépôt de recrutement et de réserve du département de l'Ain.

Admis à la pension de retraite par ordonnance royale du 6 octobre, lettre d'avis du 9, parvenue au corps le 13; rayé le 16 dudit.

30. Réfor… le 6 octobre, pour infirmités

postérieures à son arrivée au corps; parti le 7 dudit (1).

31. Renvoyé dans ses foyers le 6 octobre, pour infirmités antérieures à son arrivée au corps; parti le 7 dudit (1).

32. Parti le 7 octobre, son acte d'engagement ayant été annulé le 6 dudit (1),

33. Était à l'hôpital du Gros-Caillou (Paris) du 30 août.

Réformé le 6 octobre pour infirmités postérieures à son arrivée au corps (1).

Ou : Renvoyé dans ses foyers le 6 octobre, pour infirmités antérieures à son arrivée au corps, rayé le 11 dudit (1).

34. Libéré le 16 octobre ; parti ledit jour.

35. Renvoyé dans ses foyers par anticipation, *ou* par congé illimité; parti le 6 novembre.

36. Congédié comme gagiste le 13 octobre; parti ledit jour.

37. Remplacé le 7 octobre par le nommé..., fusilier de la 5e compagnie du 2e bataillon, n. 125, suivant autorisation de M. le maréchal-de-camp commandant la 1re brigade

---

(1) Lorsque le militaire est à l'hôpital, la radiation a lieu à compter du lendemain ; il est établi un billet de sortie *d'ordre*, au titre du corps, et un billet d'entrée *d'ordre*, au titre des militaires réformés, renvoyés, etc.

d'infanterie de la 1re division militaire, en date du 6 ; rayé le 7 dudit.

38. Etait en désertion du 9 avril ; rayé le 9 octobre.

39. Etait à l'hôpital de Caussade (Tarn-et-Garonne), du 16 mai ; en est sorti le 20 juin, pour rejoindre le corps où il aurait dû arriver le 11 juillet ; rayé le 11 janvier pour cause de longue absence.

40. Ecroué à la prison militaire de l'Abbaye (Paris) le 3 novembre ; mis en jugement le 7 dudit pour (indiquer ici les motifs de la mise en jugement) ; condamné le 25 décembre par jugement du 1er conseil de guerre permanent de la 1re division militaire, à (indiquer ici la durée de la peine afflictive ou infamante, *ou* correctionnelle, entraînant radiation des contrôles) ; rayé le 28 dudit.

41. Fait prisonnier de guerre à Mostaganem (Afrique) le 15 octobre ; rayé ledit jour et passé au n° 43, registre particulier des prisonniers de guerre.

42. Entré à l'hôpital du Val-de-Grâce (Paris) le 7 octobre ; mort le 5 novembre ; rayé le 7 dudit.

43. Mort à la chambre le 2 décembre ; rayé le 3 dudit.

Mort par suite de blessures reçues sur le champ de bataille, à Constantine (Afrique), le 4 décembre ; rayé le 5 dudit.

Mort par suite de blessures reçues dans un

service commandé à Bourbon-Vendée, le 4 octobre; rayé le 5 dudit.

Mort des suites d'une maladie contagieuse ou endémique, à Bone (Afrique), le 4 novembre; rayé le 5 dudit.

44. Parti de Soissons (Aisne) le 1er octobre, en vertu d'un congé de semestre valable jusqu'au 31 mars inclus, pour aller à Sisteron (Basses-Alpes); mort dans cette place le 26 novembre; rayé le 21 décembre.

45. Tué sur le champ de bataille, à Guelma (Afrique), le 16 novembre; rayé le 21 dudit.

Tué dans un service commandé à Quimper, le 4 décembre; rayé le 5 dudit.

46. Rayé le 5 décembre, ayant accompli sa 14° année d'âge le 3 dudit, et s'étant refusé à faire le service de tambour;

Ou : Ayant accompli sa 18° année d'âge le 2 dudit, et n'ayant pas voulu contracter d'engagement volontaire;

Ou : Ayant suivi son père;

Ou : Ayant quitté le corps ledit jour du consentement de ses parents.

47. Passé au 3° régiment d'infanterie de ligne le 16 décembre, suivant décision ministérielle du 10, parvenue au corps le 13 dudit.

48. Passé à la 1re compagnie de fusiliers de discipline le 21 décembre, par ordre de M..., inspecteur général, *ou* de M. le lieutenant-

général commandant la 1re division militaire, en date du 18 dudit.

49. Condamné à la peine des travaux pub'ics pour 5 ans, à partir du 1er octobre 1834;

Ou : A la peine du boulet pour 5 ans, à partir du 22 novembre 1832;

Ou : A la peine de l'emprisonnement pour 4 mois, à partir du 22 juillet.

Passé au 1er bataillon d'infanterie légère d'Afrique, suivant décision ministérielle du 16 novembre, ayant été gracié par ordonnance royale du 8; rayé le 25 dudit;

Ou : A l'expiration de sa peine, rayé le 1er décembre.

50. Passé à la 6e compagnie du 1er bataillon le 16 octobre, ayant été nommé sous-lieutenant par ordonnance royale du 10, lettre d'avis du 12, parvenue au corps le 15 dudit.

51. Etait à l'hôpital du Gros-Caillou (Paris) du 25 septembre;

Ou : Entré à l'hôpital de Périgueux le 3 octobre;

Ou : Parti de Paris le 1er octobre en vertu d'un congé de semestre valable jusqu'au 31 décembre inclus, pour aller à Cluny (Saône-et-Loire); passé à la 4e compagnie du 2e bataillon le 15 décembre, ayant été nommé sous-lieutenant par ordonnance royale du 10, lettre d'avis du 12, parvenue au corps le 14 dudit.

52. Passé pour son grade à la compagnie de grenadiers du 2ᵉ bataillon le 6 octobre, n° 6.

53. Passé sergent-major à la 3ᵉ compagnie du 1ᵉʳ bataillon le 11 novembre, n° 2.

54. Passé sergent à la 4ᵉ compagnie du 3ᵉ bataillon le 21 novembre, n° 7; parti pour Soissons (Aisne) ledit jour.

55. Passé sergent à la 5ᵉ compagnie du 2ᵉ bataillon le 16 octobre, n° 7; reçu dans son nouveau grade et retenu à Soissons par ordre de M. le lieutenant-général commandant la 1ʳᵉ division militaire, en date du 14.

56. Était à l'hôpital du Gros-Caillou (Paris) du 26 septembre;

Ou : Parti de Paris le 3 octobre, en vertu d'une permission de quinze jours, valable jusqu'au 17 inclus, pour aller à Rilly (Marne); passé caporal à la 6ᵉ compagnie du 2ᵉ bataillon le 16 dudit, n° 27.

57. Cassé de son grade et passé fusilier à la 2ᵉ compagnie du 1ᵉʳ bataillon le 26 novembre, n° 130.

58. Rétrogadé caporal, sur sa demande, et passé à la 4ᵉ compagnie du 2ᵉ bataillon le 1ᵉʳ décembre, n° 28.

59. Passé à la 2ᵉ compagnie du 2ᵉ bataillon le 11 octobre, nᵒ 50, pour faire titulairement le service de tambour, ayant accompli sa quatorzième année d'âge le 10 dudit, et l'effectif réglementaire des tambours et clairons n'étant pas dépassé.

60. Passé tambour à la 5ᵉ compagnie du 1ᵉʳ bataillon le 21 novembre, nᵒ 45, ayant accompli sa dix-huitième année d'âge le 18, et ayant contracté un engagement volontaire à la mairie du 11ᵉ arrondissement de Paris, le 20 dudit.

MUTATIONS N'AFFECTANT PAS L'EFFECTIF.

61. Entré à l'hôpital du Gros-Caillou (Paris) le 6 octobre, sorti le 12 dudit.

62. Parti de Soissons (Aisne) pour l'hôpital du Val-de-Grâce (Paris) le 1ᵉʳ novembre; entré audit hôpital le 5, sorti le 20; rentré à la compagnie, à Soissons, le 22 dudit;

Ou : Rentré à la compagnie, à Soissons, le 24 dudit, ayant été retenu le 23 à Villers-Cotterets (Aisne) pour attendre la voiture.

63. Etait à l'hôpital du Gros-Caillou (Paris) du 1ᵉʳ juillet; a obtenu de M. le lieutenant-général commandant la 1ʳᵉ division militaire, un congé de convalescence de trois

mois, valable jusqu'au 31 décembre inclus, pour aller à Tilly-sur-Seulles (Calvados); sorti de l'hôpital et parti le 3 octobre. Parti de Tilly-sur-Seulles le 22 décembre; rentré à la compagnie, à Paris, le 31 dudit.

64. Etait à l'hôpital de Soissons (Aisne) du 1er septembre; a obtenu de M. le lieutenant-général commandant la 1re division militaire un congé de convalescence de deux mois, valable jusqu'au 30 novembre inclus, pour aller à Loudun (Vienne); sorti de l'hôpital et parti le 1er octobre; a obtenu de M. le lieutenant-général commandant la 4e division militaire une prolongation d'un mois, au même titre, valable jusqu'au 31 décembre inclus, pour séjourner à Loudun ; parti de cette place le 16; rentré à la compagnie, à Soissons, le 31 dudit.

65. Etait parti de Paris, le 22 juillet, pour l'hôpital de Bourbonne (Haute-Marne); entré audit hôpital le 2 août, sorti le 25 septembre; entré à celui de Troyes le 30, sorti le 7 octobre; rentré à la compagnie, à Paris, le 12 dudit.

Ou : Sorti le 7 octobre ; rentré à la compagnie, à Paris, le 16 dudit. A justifié avoir été retenu les 11, 12, 13 et 14 octobre à Resoy (Seine-et-Marne) pour cause de maladie;

Ou : A justifié par sa feuille de route

avoir été retenu les 8 et 9 octobre à Méry (Aube), le 12 à Provins, et le 15 à Brie-sur-Yères (Seine-et-Marne), pour attendre la voiture;

Ou : Sorti le 7 octobre; a obtenu de M. le maréchal de camp commandant le département de l'Aube, une permission du 7 au 14 octobre inclus, pour séjourner à Troyes, *ou* pour aller à Auxon (Aube); en est parti le 15; rentré à Paris le 20; parti le 21; arrivé à la compagnie, à Soissons (Aisne), le 25, sans rappel, ayant dépassé les délais déterminés par sa feuille de route.

66. Parti de Paris le 21 octobre, en vertu d'une permission de huit jours, valable jusqu'au 28 dudit, pour aller à Loury (Loiret); rentré à la compagnie, à Paris, ledit jour.

Ou : Rentré à la compagnie, à Paris, le 29 dudit.

Sans rappel, ayant dépassé le terme de sa permission;

Ou : A obtenu de M. le maréchal de camp commandant le département du Loiret, *ou* de M. le lieutenant-général commandant la 1re division militaire, une prolongation valable jusqu'au 5 ou au 19 novembre, pour séjourner à Loury; rentré à la compagnie, à

Paris, ledit jour.

67. Parti de Paris le 1er novembre, en vertu d'un congé de convalescence de deux mois, valable jusqu'au 31 décembre inclus, pour aller à Toulon-sur-Arroux (Saône-et-Loire); en est parti le 25; rentré à Paris le 30; parti et arrivé à la compagnie, à Soissons (Aisne), le 31 dudit;

Ou : En est parti le 25 novembre, pour aller en témoignage à Lyon ; arrivé le 30 ; parti le 3 décembre, ayant fait sa déposition le 2; rentré à Toulon-sur-Arroux le 8; parti le 20; rentré à la compagnie, à Paris, le 31 dudit;

Ou : En est parti le 21, pour aller en témoignage à Châlons-sur-Saône (Saône-et-Loire); arrivé le 22; parti le 25, ayant fait sa déposition le 24; rentré à Paris le 5 janvier; parti le 6; arrivé à la compagnie, à Soissons (Aisne), le 9 dudit.

68. Parti de Paris le 15 octobre, en vertu d'un congé de six mois, valable jusqu'au 14 avril inclus, suivant décision ministérielle du 26 septembre, pour aller à La Harie (Landes); en est parti le 23 mars; rentré à la compagnie, à Paris, le 14 avril.

69. Parti de Paris le 1er octobre, en vertu d'un congé de semestre valable jusqu'au 31 décembre inclus, pour aller à Château-Chi-

non (Nièvre); en est parti le 26; rentré à la compagnie, à Paris, le 31 dudit;

Ou : A obtenu de M. le lieutenant-général commandant la 15ᵉ division militaire une prolongation de 3 mois, valable jusqu'au 31 mars inclus, pour séjourner à Château-Chinon;

Ou : Entré à l'hôpital de Nevers le 2 dudit ; a obtenu de M. le lieutenant-général commandant la 15ᵉ division militaire une prolongation de 3 mois, à titre de convalescence, valable jusqu'au 31 mars inclus, pour aller à Château-Chinon; sorti de l'hôpital le 25 décembre; entré de nouveau à l'hôpital de Nevers le 1ᵉʳ février; a obtenu une deuxième prolongation de 3 mois, au même titre, valable jusqu'au 30 juin inclus, par décision ministérielle du 16 mars, pour séjourner à Nevers; sorti de l'hôpital le 26 dudit; parti de cette place le 21 juin ; rentré à la compagnie, à Paris, le 30 dudit.

70. Parti de Paris le 1ᵉʳ octobre, en vertu d'un congé de semestre valable jusqu'au 31 mars inclus, pour aller à Mans; au reçu le 1ᵉʳ décembre l'ordre de rejoindre sans délai, par suite de la décision ministérielle du 24 novembre; parti de Mans le 2 décembre ; rentré à la compagnie, à Paris, le 10 dudit.

71. Parti de Soissons (Aisne) le 1ᵉʳ octo-

bre, en vertu d'un congé de semestre valable jusqu'au 30 novembre inclus, pour aller à Nancy ; parti de cette place le 23 ; entré à l'hôpital de Sainte-Menehould (Marne) le 27, sorti le 3 décembre; rentré à la compagnie, à Soissons, le 6 dudit ;

Ou : Parti de cette place le 23 ; entré à l'hôpital de Saint-Mihiel (Meuse) le 25, sorti le 27 ; entré à celui de Sainte-Menehould (Marne) le 29, sorti le 4 décembre ; entré à celui de Reims (Marne) le 7, sorti le 16 ; rentré à la compagnie, à Soissons, le 17 dudit.

A justifié par sa feuille de route avoir été retenu le 5 à Suippe (Marne) pour cause de maladie, *ou* pour attendre la voiture ;

Ou : Parti de cette place le 23 ; entré à l'hôpital de Sainte-Menehould (Marne) le 28, sorti le 6 décembre ; rentré à la compagnie, à Soissons, le 9 dudit, sans rappel.

72. Etait parti de Paris le 1er septembre, en vertu d'un congé de 2 mois, valable jusqu'au 31 octobre inclus, suivant décision ministérielle du 26 août, pour aller à Vierzon (Cher); parti de cette place le 24 ; rentré à la compagnie, à Paris, le 31 dudit.

73. Etait parti de Paris le 1er août, en vertu d'un congé de 2 mois, valable jusqu'au 30 septembre inclus, suivant décision ministérielle du 25 juillet, pour aller à Breteuil

(Oise) ; a été compris pour un congé de semestre valable du 1er octobre au 31 décembre inclus, pour séjourner à Breteuil ; en est parti le 30 ; rentré à la compagnie, à Paris, le 31 dudit.

74. Etait parti de Lyon le 1er octobre, en vertu d'un congé de semestre valable jusqu'au 31 mars inclus, pour aller à Tulle ; parti de cette place le 21 ; arrivé à Clermont-Ferrand le 25 ; dirigé sur Paris, nouvelle garnison du corps, le 26 ; arrivé dans cette place le 9 avril, parti le 10 ; arrivé à la compagnie, à Soissons (Aisne), le 13 dudit ;

Ou : Parti de cette place le 21 ; arrivé à Lyon le 31 dudit ; parti le 1er avril ; arrivé à la compagnie, à Paris, le 16 dudit.

75. Parti de Paris le 1er novembre pour aller en témoignage à Chartres ; arrivé dans cette place le 4 ; mis en subsistance dans le 24e régiment d'infanterie de ligne le 5 ; parti le 9 ; rentré à la compagnie, à Paris, le 12 dudit.

76. Parti de Paris le 30 octobre, pour conduire à Rennes, un détachement de jeunes soldats destinés pour le 5e régiment d'infanterie de ligue ; arrivé dans cette place le 17 ; parti le 18 ; rentré à la compagnie, à Paris, le 28 dudit ;

Ou : Arrivé dans cette place le 17 ; a obtenu de M. le maréchal de camp commandant le département une permission du 18 au 25 dudit inclus, pour séjourner à Rennes, *ou* pour aller à Saint-Aubin-d'Aubigné (Ille-et-Vilaine); parti de cette place le 26 ; rentré à la compagnie, à Paris, le 5 novembre;

Ou : Parti le 18 ; entré à l'hôpital de Laval (Mayenne) le 21, sorti le 26 ; rentré à la compagnie, à Paris, le 2 novembre;

77. Parti de Paris le 21 octobre, pour conduire un détachement au 3º bataillon du corps stationné à Soissons (Aisne); arrivé dans cette place le 24 ; parti le 25 ; rentré à la compagnie, à Paris, le 29 dudit.

A marché en détachement du 21 au 24 octobre inclus, et isolément du 25 au 29 dudit inclus. Sans rappel, ayant dépassé les délais déterminés par sa feuille de route.

78. Manque à l'appel du 3 octobre.

Rentré volontairement le 11 dudit;

Ou : Entré à l'hôpital de Pontoise (Oise) le 7, sorti le 15 ; rentré ledit jour;

Ou : Arrêté par la gendarmerie le 11; ramené au corps, à Paris, le 20 dudit.

A reçu les vivres de prison pour la journée du 20 octobre.

79. Manque à l'appel du 1er octobre ; déclaré déserteur le 9 ; arrêté par la gendar-

merie le 20 ; ramené au corps, à Paris, le 31, *ou* rentré volontairement le 31 ; écroué à la prison militaire de l'Abbaye le 1er novembre ; sorti de prison et rentré à la compagnie le 5 dudit.

Avait reçu les vivres de prison pour la journée du 31 octobre.

80. Manque à l'appel du 1er novembre ; déclaré déserteur le 1er décembre ; arrêté par la gendarmerie le 10 ; ramené au corps, à Paris, et écroué à la prison militaire de l'Abbaye le 16 ; condamné le 26, par jugement du 2e conseil de guerre permanent de la 1re division militaire, à 5 ans de boulet *ou* à trois ans de travaux publics.

Ou : A 3 mois de prison, pour ne pas avoir rapporté tous ses effets d'habillement ou de petit équipement.

81. Ecroué à la prison militaire de l'Abbaye (Paris) le 16 octobre ; mis en jugement le 20 dudit, pour (indiquer ici les motifs de la mise en jugement) ; acquitté le 3 novembre, par jugement du 1er conseil de guerre permanent de la 1re division militaire ; rentré à la compagnie, à Paris, ledit jour ; a reçu les vivres de prison pour la journée du 3 novembre ;

Ou : Sorti de prison et rentré à la compagnie, à Paris, le 4 dudit ;

Ou : Sorti de prison et parti de Paris le 4 ; arrivé à Soissons (Aisne) le 7 dudit ;

Ou : condamné le 3 novembre, par le 1er conseil de guerre permanent de la 1re division militaire, à un an de prison.

82. Était détenu par suite de sa condamnation à la peine de 3 mois d'emprisonnement à partir du 3 juillet ; sorti de prison et parti de Mézières le 3 octobre ; arrivé à la compagnie, à Paris, le 11 dudit.

83. Parti de Paris le 1er novembre, pour être employé au dépôt de recrutement et de réserve du département des Ardennes, suivant décision ministérielle du 25 octobre, parvenue au corps le 29 dudit.

84. Venu des caporaux de la compagnie le 6 décembre, n° 22.

85. Cassé de son grade et passé fusilier à la compagnie le 16 novembre, n° 126.

86. Rétrogradé fusilier à la compagnie le 16 décembre, n° 130.

87. Admis le 3 novembre à faire titulairement le service de tambour, ayant accompli sa 14e année d'âge le 2 dudit, et l'effectif réglementaire des tambours et clairons n'étant pas dépassé.

88. A marché en détachement du 17 au 21 décembre inclus, de Paris à Laon.

89. A marché en détachement du 17 au 20

décembre inclus, de Paris à Laon ; a parcouru le 20 deux distances d'étape, en vertu des ordres du Ministre de la guerre, ou de M. le lieutenant-général commandant la 1re division militaire, en date du 18 dudit.

90. Admis le 1er octobre à la haute-paye journalière de 1, 2 ou 3 chevrons, ayant justifié 7, 11 ou 15 ans de service effectif.

91. Admis le 1er octobre à la haute-paye ournalière de 2 chevrons à rappeler de la différence de haute-paye de 2 à 1 chevron, du 12 septembre, ayant justifié avoir accompli, ledit jour, sa 11e année de service effectif.

92. A droit au complément de première mise de petit équipement, n'ayant reçu, lors de son arrivée au corps (2e trimestre 1837), que la première mise provisoire.

INSTRUCTION

Sur les precautions hygiéniques à prendre pour garantir les troupes envoyées en Afrique, des influences du climat de ce pays. (Direction de l'administration ; division des subsistances, hôpitaux et transports; bureau des hôpitaux.)

Paris , le 31 décembre 1839.

Dans sa sollicitude pour tout ce qui peut contribuer à entretenir la santé du soldat , le Ministre de la guerre fait connaître à l'armée les précautions hygiéniques indiquées par le conseil de santé des armées, et auxquelles il convient de se conformer pour éviter les maladies qui règnent habituellement dans l'Algérie.

Le nord de l'Afrique n'est point, en général, un pays insalubre; mais son climat, si différent de celui de la France, exige impérieusement certaines précautions hygiéniques que le conseil de santé des armées indique comme il suit :

1º Les hommes doivent éviter de se découvrir imprudemment par des temps froids et humides qui produisent des maladies plus ou moins dangereuses. Cette précaution est indispensable dans ces régions où l'air est très-chaud le jour, et froid et humide la nuit;

2° Ne jamais rester en chemise la nuit, placer sur soi ses vêtements, et lorsque l'on couche en plein air ou sous la tente, avoir soin de se couvrir la tête, le haut du visage et le cou, pour éviter les maux d'yeux et d'oreilles;

3° Quand on fait une halte et qu'on est en sueur, comme il arrive presque toujours après une marche dans ce pays, se bien garder de se découvrir et aussi de se reposer sur un endroit frais et humide;

4° Imiter, pour se maintenir en santé, la sobriété des habitants du pays. Lorsqu'on y arrive, l'excès de la chaleur fait éprouver de la faiblesse que l'on combat en buvant du vin modérément. L'eau-de-vie mêlée avec quinze parties d'eau est une boisson salutaire, très-bonne pour désaltérer dans les marches et les travaux; mais on ne doit point boire d'eau-de-vie pure ni de liqueurs;

5° Prendre du café léger, selon l'usage du pays. Cette boisson est favorable à la santé;

6° Eviter de boire de l'eau stagnante.

Si, privé de toute ressource pour étancher

la soif, on ne trouvait que de cette eau, on devrait, dans ce besoin impérieux, se borner à s'en rincer la bouche, et rejeter ensuite ce liquide insalubre au lieu de l'avaler.

L'eau des mares, en Afrique, contient souvent des sangsues qui ne dépassent pas en volume la grosseur d'un cheveu, et qu'il est difficile d'apercevoir. Pour ne point en avaler, il est nécessaire de passer cette eau à travers un linge avant de la boire.

Si, en route, et lorsqu'on a chaud, on trouve une source de bonne eau, il serait nuisible d'en boire une trop grande quantité.

7° Éviter tout excès dans la nourriture. S'il arrivait que pour aliments on n'eût que de la viande ou du poisson salés, on devrait les dessaler avec soin en les laissant séjourner pendant quelques heures au moins dans de l'eau qu'on renouvellerait de temps en temps. Ensuite, on les mêlerait, autant que possible, avec beaucoup de légumes.

La viande de cheval et celle de chameau ne sont point malsaines. On pourrait en manger sans danger, si les circonstances de la guerre y forçaient. La tortue de terre est commune en Afrique, sa chair est bonne à manger, et l'on fait avec elle d'excellent bouillon.

8° Ne manger les fruits, ainsi que les melons et les pastèques, que lorsqu'ils sont bien mûrs; mais, lors même, n'en user que modérément, et s'en abstenir tout à fait quand ils ne sont pas arrivés à maturité. La figue de Barbarie est un fruit dont l'usage doit être subordonné aux recommandations qui précèdent; mais il faut remarquer qu'étant hérissé d'une multitude d'aiguillons imperceptibles, il ne doit être saisi qu'avec précautions, et porté à la bouche qu'après avoir été dépouillé de sa pellicule, et autant que possible de ses nombreux pépins, pour éviter la constipation.

L'orange est un excellent fruit lorsqu'il est bien mûr, et d'un usage salutaire quand on n'en fait pas abus.

9° Ne se servir de piment ou poivre rouge que dans le cas où le poivre noir viendrait à manquer : la force de ce piment exige qu'on ne l'emploie qu'en très-petite quantité;

10° Eviter l'abus des liqueurs spiritueuses, cause de fréquentes maladies. Chez un grand nombre de jeunes soldats, cet abus entretient les organes digestifs dans un état d'excitation qui les prédispose à l'inflammation, ou bien il les altère si profondément, que la plus légère affection dont ils sont oc-casionnellement le siége, résiste aux efforts de l'art et peut devenir mortelle.

On ne saurait trop recommander à ce su-jet à MM. les chefs de corps, de faire exercer une surveillance continuelle sur les canti-nes et les cabarets que fréquentent les sol-dats.

11° Ne pas négliger les soins de propreté, afin d'éviter les maladies de la peau qui sont communes en Afrique. Se laver les mains et le visage plusieurs fois par jour, si les cir-constances le permettent, et lorsque le corps n'est pas en sueur;

12° Se tenir proprement les pieds, tout en se gardant bien de les laver à l'eau froide quand on est en transpiration;

13° Les bains de rivière sont d'un très-bon usage, mais il faut éviter de les prendre pendant la grande chaleur du jour. Il faut surtout bien se garder de se plonger dans les eaux stagnantes ou dans les mares;

14° Faire un usage constant de la ceinture de flanelle, et surtout ne point la quitter quand on est en sueur ;

15° Réclamer les conseils des officiers de santé dès les premiers symptômes de la plus légère indisposition.

La stricte exécution des dispositions indiquées ci-dessus est recommandée à la sollicitude et à la surveillance de MM. les officiers-généraux et intendants militaires, qui donneront les ordres nécessaires à chacun de leurs subordonnés pour éviter les inconvénients signalés, et assurer par là une bonne hygiène dans l'armée.

Le Ministre Secrétaire d'Etat de la guerre,

Signe SCHNEIDER.

MESURES SANITAIRES

PROPRES A EMPÊCHER LES PROGRÈS DANS L'ARMÉE,

des affcetions syphilitiques et cutanées,

(Arrêté du Ministre de la guerre du 10 mai 1842).

—

Art. 1er. Tout militaire atteint de syphilis ou de gale doit immédiatement en faire la déclaration au chirurgien du corps. Il n'encourt aucune punition s'il se présente spontanément, et dès l'apparition des premiers symptômes de la maladie.

2. Tout sous-officier, brigadier, caporal et soldat reconnu atteint d'une affection vénérienne ou cutanée dont la gravité révélerait que l'apparition des symptômes primitifs remonte à plus de quatre jours, sans que le malade ait pu s'y méprendre, sera traité à la salle des consignés, si son état le permet; il sera, en outre, puni, à sa sortie

de l'hôpital, d'un mois de consigne, pour ne pas s'être présenté, dès le début de la maladie, à la visite du chirurgien du corps, et pour s'être rendu à charge à ses camarades par un long séjour aux hôpitaux.

3. Tout sous-officier, caporal ou brigadier qui saura qu'un soldat sous ses ordres est atteint de gale ou de syphilis, lui rappellera les dispositions des articles 1 et 2 du présent arrêté; il sera tenu de le désigner au rapport du lendemain, dans le cas où le malade ne se serait pas présenté spontanément au chirurgien du corps. En cas d'infraction à cette disposition, le sous-officier, caporal ou brigadier pourra encourir, suivant la gravité des circonstances, l'une des peines prononcées par les ordonnances du 2 novembre 1833 (service intérieur des troupes, infanterie et cavalerie) pour les fautes contre la discipline.

4. Les chefs de corps feront passer à la visite, conformément aux articles 56 à 61, (infanterie), et 70 à 75, (cavalerie), des ordonnances précitées, tout militaire soupçonné d'être affecté de maladie vénérienne ou cutanée, et qui se refuserait à en faire la déclaration volontaire.

Nonobstant les dispositions qui précèdent, les chefs de corps conservent le droit de punir avec sévérité les hommes que leurs antécédents signaleraient comme plus particulièrement adonnés au libertinage.

5. Quand un corps quitte une garnison, le commandant, avant le départ, et le jour qu'il juge convenable, fait passer à la visite des officiers de santé les militaires qui déclarent être atteints de gale ou de syphilis, et ceux qu'il serait convenable d'assujettir à cette visite, dans la prévision des articles 3 et 4.

Les militaires malades sont immédiatement dirigés sur l'hôpital du lieu.

Dans chacun des gîtes où la troupe doit séjourner, le chef de corps fait connaître par la voix de l'ordre, l'heure à laquelle les officiers de santé, dans le but indiqué par le précédent paragraphe, admettront les hommes à la visite.

Dans toutes les places où il existe un hôpital militaire, cette visite pourra recevoir l'extension prescrite par le paragraphe premier du présent article, si le chef de corps le juge nécessaire.

Elle devra être renouvelée, dans cette même forme, et au jour le plus rapproché possible de l'arrivée dans la nouvelle place où la troupe doit tenir garnison.

Les hommes atteints de maladies vénérienne ou cutanée seront immédiatement admis dans les infirmeries régimentaires ou dans les hôpitaux.

6. Les dispositions qui précèdent sont applicables aux détachements et compagnies formant corps. Dans ce cas, les visites sont faites et les déclarations sont reçues, au départ et à l'arrivée, par les officiers de santé militaires ou les médecins civils chargés du service de santé de ces troupes.

Les commandants de détachements ou de compagnies formant corps reçoivent, lorsqu'ils sont en route, les instructions des fonctionnaires de l'intendance, ou se concertent avec les maires pour la visite, par les médecins civils, des hommes qui se déclarent affectés de gale ou de syphilis, et de ceux qu'on peut soupçonner d'en être atteints, et ils font surveiller, jusqu'à ce qu'ils puissent être admis à l'hôpital, les hommes reconnus malades.

7. Les hommes atteints de syphilis ou de gale et dirigés sur les hôpitaux affectés au traitement de ces maladies, pourront être logés dans les hospices civils des communes où ils devront coucher ou séjourner, si elles possèdent des établissements de ce genre, et si les maires le préfèrent ; ou être réunis

dans un local commun qui leur serait affecté.

A leur arrivée au lieu de leur destination,
ils ne recevront, sous aucun prétexte, de
billets de logement, et ils seront, autant que
possible, conduits directement à l'hôpital
par un homme de garde.

Après guérison, ils seront également conduits à la porte de la ville par un homme
de garde du poste de l'hôpital ou par le sergent de planton.

8. Tout brigadier, caporal et soldat par-
tant de son corps pour voyager isolément,
sera soumis, avant son départ, à une visite
sanitaire, à l'effet de s'assurer s'il n'est atteint ni de maladie vénérienne ni de gale.
Cette visite sera constatée par un certificat
du chirurgien-major ou aide-major, qui
sera visé par l'officier supérieur commandant, et annexé à la feuille de route du militaire.

Dans tous les gîtes d'étape où résidera un
fonctionnaire de l'intendance, l'homme
voyageant isolément sera interrogé sur son
état de santé, et il pourra être soumis à une
visite si, malgré sa déclaration négative,
des symptômes extérieurs donnent lieu de
croire qu'il est atteint de gale ou de syphi-

lis. S'il est reconnu malade, il sera dirigé immédiatement sur l'hôpital.

9. Pour le retour, la feuille de route ne sera jamais visée par le fonctionnaire de l'intendance près de qui le militaire devra se présenter au départ, sans que celui-ci ait été soumis à une visite.

Il sera procédé à son égard, sur la route, de la même manière qu'il est prescrit par l'article 8, et, à son arrivée au corps, l'homme devra passer à la visite le jour même où il sera présenté.

10. Les militaires en congé de semestre, en congé provisoire de libération, ou appartenant à la réserve, atteints de maladies vénériennes ou cutanées, seront admis, au compte du département de la guerre, dans les hôpitaux militaires et hospices civils. Ceux d'entre eux qui ne se présenteraient pas à la visite dès le début de la maladie, et dans les délais prescrits par l'article 2, seront traités à la salle des consignés, si leur état le permet, sans préjudice des punitions mentionnées à l'art. 897 du règlement du 1er avril 1831.

11. Les chefs de corps veilleront avec une sollicitude éclairée à l'exécution des visites prescrites par les ordonnances du 2 novembre 1833 (articles 56 à 61, infanterie, et 70

à 75, cavalerie), dans l'intérêt de la santé du soldat, non moins que dans un intérêt d'*hygiène* publique, et ils tiendront rigoureusement la main aux mesures déterminées par le présent arrêté.

Le président du Conseil, Ministre-Secrétaire d'Etat de la guerre.

Signe : Maréchal Duc de Dalmatie.

FIN.

TABLE DES MATIÈRES.

PREMIÈRE PARTIE.

Notions générales sur l'administration et la comptabilité dans les régiments de cavalerie.

ADMINISTRATION.

17

COMPTABILITÉ

DEUXIÈME PARTIE.

Règlement sur l'administration et la comptabilité des escadrons et autres parties détachées du corps.

TROISIÈME PARTIE.

Constitution de l'armée.

—

QUATRIÈME PARTIE.

État civil et législation pénale.

—

FIN DE LA TABLE.

ERRATA.

Page 5, lignes 1re : *lisez administration*, au lieu d'administration ; page 9, ligne 24 : *lisez apurés*, et non épurés ; page 128, *ligne 55* : *lisez et brigadiers fourriers*, au lieu de fourriers, brigadiers-trompettes ; page 164, au-dessus du mot nota : *lisez nullement*, et non nettement.

ADDITION.

Le ministre de la guerre a décidé, le 5 janvier 1846, qu'à l'avenir, lorsqu'il y aura lieu de mobiliser des escadrons dans tous les corps de cavalerie, on se conformera pour le nombre et la répartition des haches au tableau n° 2, annexé à la décision royale du 24 novembre 1856, relative à l'armement des régiments de lanciers ; en conséquence, le trompette-major, le brigadier-trompette, les sous-officiers des escadrons, les maréchaux-ferrants et les trompettes seront les seuls militaires auxquels il sera distribué des haches.